我国产融合作试点城市典型案例研究

吴雨微　等编著

中国财富出版社有限公司

图书在版编目（CIP）数据

我国产融合作试点城市典型案例研究 / 吴雨微等编著. — 北京：中国财富出版社有限公司，2022.12

ISBN 978-7-5047-7890-1

Ⅰ. ①我… Ⅱ. ①吴… Ⅲ. ①地方金融—产业发展—案例—研究—中国 Ⅳ. ①F832.7

中国版本图书馆CIP数据核字（2022）第254269号

策划编辑 李彩琴　　**责任编辑** 张红燕　孟　婷　　**版权编辑** 李　洋
责任印制 梁　凡　　**责任校对** 杨小静　　**责任发行** 董　倩

出版发行 中国财富出版社有限公司
社　　址 北京市丰台区南四环西路188号5区20楼　　**邮政编码** 100070
电　　话 010-52227588 转 2098（发行部）　　010-52227588 转 321（总编室）
010-52227566（24小时读者服务）　　010-52227588 转 305（质检部）
网　　址 http：//www.cfpress.com.cn　　**排　　版** 宝蕾元
经　　销 新华书店　　**印　　刷** 北京九州迅驰传媒文化有限公司
书　　号 ISBN 978-7-5047-7890-1 / F・3571
开　　本 710mm × 1000mm　1/16　　**版　　次** 2023 年9月第1版
印　　张 11.75　　**印　　次** 2023 年9月第1次印刷
字　　数 186千字　　**定　　价** 88.00 元

前　言

2016年，我国工信部、财政部、人民银行、银监会[①]联合印发《关于组织申报产融合作试点城市的通知》，提出了“产融合作”这一概念。产融合作是指产业与金融的合作，从“产融结合”一词转变而来。从“结合”到“合作”的转变，反映出在国家或城市发展中厘清产融之间关系的必要性。明晰产业和金融的合作边界，既要避免因害怕出现产融结合不紧密而矫枉过正，最后形成金融资本在产业资本中滥用、金融资本风险溢出的负面影响，又要杜绝金融业空转，即对金融提出回归本源、支持实体经济发展的严格要求。这是我国产融合作试点的两个基本前提。

第一次产融合作试点城市申报通知下发后，各省市地区积极响应。经过地方申报、省级相关部门审核、专家评审、网上公示等程序，全国有37个城市（区）入选第一批产融合作试点名单。2020年，为进一步增强金融服务实体经济的能力，工信部、财政部、人民银行、银保监会、证监会五部门联合印发《关于组织申报第二批产融合作试点城市的通知》，组织开展第二批产融合作试点申报。入选第二批产融合作试点的地区共有51个，其中包括第一批延续试点城市（区）18个。两批产融合作试点共有70个城市（区）入选。既有国际上赫赫有名的一线城市，也有发展暂时落后的四线、五线城市；既有第二或第三产业优势明显的城市，也有第二、第三产业均衡发展的城市。可见，经济总量、产业结构并不是产融合作试点申请成功与否的评判标准。

---

① 2018年，银监会与保监会职责整合组建为银保监会；2023年，国家机构改革方案公布，不再保留银保监会，组建国家金融监管总局。

试点申请成功的关键是什么？在两批国家产融合作试点城市的申报条件中，均从产业基础、金融资源、组织和制度保障、产融合作基础四方面对拟申报城市提出了要求。其中，第二批试点城市的具体要求有所变化，更加强调试点城市的金融资源发展性和适用性，金融风险控制能力，对国家产融合作平台建设的积极性和参与度，以及产融合作工作平台的建设基础。此外，第二批试点城市还须具备常态化的疫情防控能力，能够保障经济社会快速恢复，做好“六稳”，落实“六保”。这也正是在新冠病毒感染疫情常态化背景下，能够顺利完成产融合作试点目标、取得良好产融合作效果的根本保障。

在试点内容方面，两批试点都强调要从产融合作平台、金融产品和金融服务、财政支持、产业链金融上有所突破。除了产融合作平台要求整体变化不大，第二批试点更加强调合理应用金融科技、畅通多元化融资渠道、优化产业链金融。

为了实现试点目标，两批试点城市（区）结合自身产业优势和城市发展规划，编制了产融合作实施方案。通过分析信息可得的10个试点城市实施方案，发现存在以下特点：一是大多数第一批试点城市（区）将建立多层次、多方位的产业发展基金体系作为工作重点。二是多个试点方案都十分关注如何在“银企”之间创造良好的互信环境、畅通的对接机制、良好的合作方式。三是产融信息不对称是产融对接不畅的核心原因，也是产融合作平台拟解决的关键问题。四是政府会通过制定和贯彻落实政策，充分发挥引导、杠杆和增信功能。

在两批70个试点城市（区）里，本书基于产融经验先进性、试点路线特色性、城市层级多元性等原因，最终挑选12个城市（区）作为案例研究对象，分别是北京市海淀区、北京市顺义区、上海市浦东新区、苏州市、无锡市、成都市、绵阳市、宜宾市、重庆市、株洲市、宜昌市、贵阳市。

各试点城市（区）各具特色，成效也不同。北京市海淀区充分利用科技赋能金融，重点解决中小型科技企业融资难问题，提升信息产业、科技服务业的创新活力和核心竞争力。北京市顺义区筑牢坚实的领导保障机制，从组织和政策方面大力引导，保障高端制造业的战略发展。上海市浦东新区有效利用金融禀赋优势，锐意创新金融服务产品和模式，通过产业基金联盟等精准深化产融合作。苏州市秉持“以产业聚人才、以人才兴产业”理念，强化政府产融服务来提升产融对接效率，成功助力生物医药产业崛起。无锡市践行绿色生态文明发展理念，推动绿色债券、绿色保险等优质金融产品，促进传统产业转型升级。成都市为产业招引配套多样化资本运作环境及产业政策支持，积极运作政府引导基金，培育壮大本地优质企业。绵阳市延续军民融合特色，设立专营科技金融机构开办专业金融产品服务，推动军民融合创新、深度发展。宜宾市围绕新旧产业发展双轮驱动战略目标，与外部金融机构高质量开放合作，打造动力电池等新兴产业。重庆市坚持专业精细打造理念，金融梯度培育“专精特新”企业，增强产业协同创新发展质效。株洲市围绕打造供应链生态体系目标，以产业链金融产品和服务为突破口，培育轨道交通等高质量发展集群。宜昌市维护长江流域环境安全和生态保护，创新长江大保护主题债券等绿色产品，支持化工企业绿色转型升级。贵阳市紧抓数字经济发展机遇，金融赋能科创小微企业，激活大数据产业高质量发展。

通过分析上述案例城市的产融合作经验，本书认为有如下八点产融合作经验值得推广、复制：一是建立制度保障机制，为产融合作试点保驾护航；二是完善政策体系，加速推进产融合作进程；三是完善产融合作平台，提高一站式服务水平；四是完善科技金融框架，推动科技赋能产融合作；五是完善多层次的风险分担机制，防范产融合作风险扩散；六是大力培育上市企业，提高企业直接融资能力；七是聚焦重点产业开发金融产品，提高金融支持精准性；八是创新绿色金融体系，促进传统产业转型升级。

本书研究得到中国人民大学长江经济带研究院的支持与帮助，特别感谢！还要特别感谢课题组成员王海霞、莫凤英、杜海强、陈睿、陈春浩、刘航、裴乐琪、任屹颖、肖瑀、陈巧山，他们参与了本书的讨论和编写！

文中存在谬误之处，请批评指正！

吴雨微

2022年11月

目　录

1 产融合作的理论分析

“产融合作”一词来自我国经济社会实践和国家政策创新。经济社会实践在前——企业在扩大再生产时的资金渴望，促使它们自发探索产业资本和金融资本结合的可能性，其中分化出多种结合路径，也催生了“产融结合”“产业金融”等专业词汇。国家政策创新在后——以往的部分自发实践结果逐渐暴露出并非所有产融合作都是有利或双赢的。如果没有任何约束，产业资本与金融资本的无边界融合虽然可以短期缓解企业的融资困境，却无益于产业和金融业的长期可持续发展，进而对经济全局产生负外部影响。因此，产融的合作应当选取正确途径进行适度合作。2016年，我国工信部、财政部、人民银行、银监会正式提出“产融合作”概念，通过组织部分城市先行先试的方式，探索产融合作的有效路径，以打破传统机制，引导产融之间进行有边界的高效率合作。

1.1 试点实施背景

经济是肌体，金融是血脉，两者共生共荣。[①]我国启动产融合作试点是中国实体经济转型升级必由之路。

2015年，国内外经济形势错综复杂，我国面临多重考验。从国外局势来看，全球经济贸易增速放缓，国际金融市场动荡。从国内局势来看，我国仍然处于经济结构战略性调整的阵痛中，经济下行压力增大，工业稳增长、调

① 出自习近平总书记在中共中央政治局第十三次集体学习时的讲话。

结构、增效益任务艰巨。

经济增长需要充分激发企业活力，特别是中小民营企业的创新活力。在宏观经济增速放缓的大环境下，企业生存环境恶化，使得原本信用等级不足、融资渠道狭窄的中小企业融资难问题更为突出。这会进一步削弱经济增长动力，形成经济持续低迷和企业继续不振的恶性循环。为了摆脱这一困境，有必要营造良好的产业与金融互动氛围，切实拓宽企业融资渠道，搭建对重点产业和关键企业的金融稳定支持机制。可见，产融合作试点具有必要性。

同时，产融合作还有更多重要意义。一是产融合作有利于我国尽早实现制造强国的战略目标。2015年5月8日国务院印发的《中国制造2025》是我国实施制造强国战略第一个十年行动纲领，其中提出要完善金融扶持政策、加大对重点领域的支持力度，并提到要支持重点领域大型制造业企业集团开展产融结合试点。二是深化产融合作有利于构建产业与金融之间良性互动的生态环境，促进产业和金融业协调发展，提高资金、资源的配置效率，实现政银企三方共赢。三是通过产融合作试点在限定范围内“试错”，有利于积累我国深化金融改革的成功经验和失败教训，可以供全国其他城市发展借鉴，全方面提高我国产融合作效率。

为此，相关部门早在2016年年初就展开了一系列的筹备工作。2016年2月，人民银行等八部委出台《关于金融支持工业稳增长调结构增效益的若干意见》(银发〔2016〕42号)，指出要促进产融对接融合。3月，工信部、人民银行、银监会印发《加强信息共享 促进产融合作行动方案》，预热产融合作试点。7月，包括工信部、人民银行等部门正式联合组织产融合作试点城市申报，明确了试点的总体要求、基本原则、主要内容，确定试点期为3年。

第一批产融合作试点取得了许多阶段性成果，为后续进一步优化产融合作奠定良好基础。为进一步增强金融服务实体经济能力，我国继续探索、扩大产融合作试点的范围和内容。2020年，根据《国务院关于深化制造业与互联网融合发展的指导意见》(国发〔2016〕28号)、《关于金融支持制造强国建设的指导意见》(银发〔2017〕58号)、《关于进一步规范信

贷融资收费 降低企业融资综合成本的通知》（银保监发〔2020〕18号）等部署，工信部、财政部、人民银行、银保监会、证监会决定开展第二批产融合作试点工作。

1.2 概念：与产融结合的对比

1.2.1 产融结合

产融合作一词来源于“产融结合”“产业金融”，但概念和内涵却不尽相同。“产融结合”全称为产业资本与金融资本结合，是指工商企业与金融企业通过互相参股、人事派遣等互相渗透的方式进行资本合作的行为。[①]我国产融结合的出现可以追溯到20世纪90年代，大批工商企业快速发展，在进一步社会化扩大再生产中出现了资金和融资约束矛盾。为了解决这些问题，学者曹凤岐（1989）[②]等提出我国企业在股份制改革进程中可以走产融结合的新路，并逐步过渡到金融机构控股，形成以银行和金融机构为核心的企业集团。2013年，国务院国资委研究中心原主任楚序平在访谈中也就国有企业改革表达了相似观点：国有企业下一步改革的重点之一就在于促进产业资本与金融业资本的融合，培育产融结合财团，顺应产业发展的趋势，以实现资本运营效率的提升、促进规模经济、降低交易费用、实现优势互补、完成企业国际化建设。这是中国企业发展的必然选择。可见，在产融结合的发展初期，大多数学者都存在这一共识，即产融合作具有拓宽企业融资渠道、促进产业发展的积极作用。然而，在产融结合的实践道路上，虽然诸如李扬等（1997）[③]学者都强调工商企业和金融机构混合生长仅仅只是产融结合的其中一种形态，但在实践中却常常聚焦于此。

---

① 王莉，马玲，郭立宏. 产业资本与金融资本结合的相关理论综述[J]. 经济学动态，2010（11）：88–91.

② 曹凤岐. 走产融结合的新路[J]. 农村金融研究，1989（5）：48–50.

③ 李扬，王国刚，王军，等. 产融结合：发达国家的历史和对我国的启示[J]. 财贸经济，1997（9）：3–10.

1.2.2 产融结合存在的问题

从资本流动具体路线来看，产融结合分为“由产到融”和“由融到产”两种模式。“由产到融”是指部分产业资本进入金融机构，主要通过控股参股金融机构、成立金融控股集团实现，我国代表性案例有宝钢集团、华能集团涉足金融业。“由融到产”则是金融资本进入实业投资，即发展“产业金融”，布局实业蓝图，代表性案例有美国摩根财团、日本三井及三菱财团通过收购和相互持股的方式控制实体企业。但需要说明的是，考虑到银行类金融机构的重要地位和稳健经营的必要性，《中华人民共和国商业银行法》禁止商业银行从事股权投资，只有部分银行可以开展投贷联动业务，“由融到产”模式受到较大限制。

无论是“由产到融”还是“由融到产”，产融结合还需有度。由于产业资本与金融资本在性质和运作方式上显著不同，两者没有界限地进行融合可能不仅无法产生“1+1 > 2”的协同效应，反而还会因为追逐利润最大化目标，滋生资本整合风险、内部交易风险、财务杠杆风险、道德风险等。①不仅如此，产业风险还会通过关系网络进一步扩散负面效应，传导至金融体系。2004年的“德隆事件”便是我国的典型反面案例。

德隆集团自1986年成立后，经过十多年的高速发展，拥有177家子孙公司，控股19家金融机构，形成了庞大的“产业＋金融”结构的产业集团。凭借手中的金融资源，德隆集团不断扩张，资产规模迅速积累，但资产质量却良莠不齐。在2003年出现财务危机后，德隆股价开始一蹶不振。为了自救恢复，德隆凭借自身持有的金融资源优势，通过反复抵押股份、关联方违规担保等违规操作，从银行套取大量资金。但由于没有实业支撑，最终陷入恶性循环，导致资金链断裂。德隆集团的产融结合最后演变成了产业资本掏空金融资本，产业资本和金融资本共同失败的结局。

① 杨红，杨柏. 产融结合制约因素分析及对策研究——基于国有产业资本与国有金融资本融合的视角[J]. 探索，2011（1）：106–110.

1.2.3 产融合作的概念和内涵

针对产融结合可能出现产业资本过度滥用金融资本的问题，习近平总书记在2017年全国金融工作会议上指出，要规范金融综合经营和产融结合发展，这也正是“产融合作”提出的根本缘由。

产融合作是产业与金融的新型合作模式。有别于此前的产融结合，产融合作无须产权纽带来实现产业与金融的相互促进，这一创新模式旨在构建产业和金融业良性互动、互利共赢的新组织格局。它的实现依靠政府引导作用的充分发挥和产融资源的充分对接。从“产融结合”到“产融合作”的转变，背后体现了在国家和城市发展中厘清产融关系的重要性：需要明晰产业和金融业之间的边界—— 一方面不能因为避免产业与金融结合不紧密而矫枉过正，最后形成金融资本在产业资本中滥用，金融资本风险溢出的负面影响；另一方面要杜绝金融业空转，对金融回归本源、金融切实支持实体经济发展提出更严格的要求。

工信部联财〔2016〕237号文件《关于组织申报产融合作试点城市的通知》进一步解释了产融合作的内涵：产融合作试点要以“提升金融服务实体经济的效率和能力为目标，强化金融对产业的支撑作用”“营造产业与金融良性互动、互利共赢的生态环境”。

1.3 试点目标

两批产融合作试点都是为了增强金融服务实体经济的能力。因为每座城市产业结构不同，两批试点都允许各试点城市立足于金融服务制造强国和网络强国建设的基础上，结合本地产业发展需求和已有金融资源特色，自主选择产融合作的发力方向和突破口，比如5G（第五代移动通信技术）、工业互联网、大数据、人工智能、网络安全、车联网、超高清视频、智能制造、农机装备、绿色建材、通用航空、船舶工业、健康食品、生物医药、医疗健康、桑蚕丝绸等重点产业。

同时，由于第二批试点的外部宏观环境有所变化、国家阶段性产业战略有所调整，两批试点的目标要求也略微不同。第一批试点是初次尝试，试点目标主要是构建产融合作基础设施和取得较好产融合作效果，具体包括以下内容：通过3年左右的时间，产业信息与金融机构对接机制基本建立并有序运转，金融服务产业的能力进一步提高，产业与金融互动良好，重点产业健康发展，企业核心竞争力有效提升。第二批试点则更加强调产融合作的区域合作效应和行业示范效应。第二批试点重点支持符合京津冀协同发展、长江经济带发展、粤港澳大湾区建设等国家重大战略，西部大开发、东北振兴、中部崛起等区域发展总体战略，以及符合国家重大生产力布局要求、落实国家有关重大决策措施成效明显、国家明确予以表扬激励的申报对象。鼓励转型升级成效明显市州以及国家新型工业化产业示范基地、先进制造业集群、应急产业示范基地、小型微型企业创业创新示范基地等所在的城市（区）申报试点。

为了支持绿色发展，推动碳中和战略，第二批试点还强调产融合作推动工业绿色发展，并发布了更细致的相关工作指导意见。2021年，工信部、人民银行、银保监会、证监会发布的《关于加强产融合作推动工业绿色发展的指导意见》（工信部联财〔2021〕159号）指出，要建立商业可持续的产融合作推动工业绿色发展路径，推动建设工业绿色低碳转型与工业赋能绿色发展相互促进、深度融合的产业体系，以工业绿色化引领高端化、智能化发展，促进工业稳增长和有效投资，助力制造强国和网络强国建设，推动经济社会绿色发展，为应对全球气候变化贡献力量。

1.4 基本原则

产融合作要取得有效成果，必须坚持市场主导和政府引导。坚持市场主导即坚持有效市场，让市场在资源配置中起决定性作用，优化资金资源的配置效率；坚持政府引导，即发挥有为政府的作用，优化产业、政策、金融资源配置，推动产业与金融协调发展。2016年，在第一批产融合作试点正式启动前，工信部财务司负责人在答记者问时强调产融合作试点城市要遵循三项基本原则，其中之一便是市场主导，政府引导。

1.4.1 有效市场

尽管产融合作试点城市申报工作是以城市（区）为单位，由当地人民政府牵头进行，但城市（区）只是产融合作的载体和环境，产业与金融业才是试点的关键主体。

充分激发两大主体的主观能动性是确保提升产融合作效率的基础条件。这就要求坚持有效市场，充分发挥市场在资源配置中的决定性作用，具体表现在以下两方面：一是产融合作应是产业机构和金融机构的自发行为，双方通过参与能够实现互利共赢，如仅是一方获利的结合方式，那么当失去扶助和培育的土壤，就不能持续进行下去，产融合作的作用效果是短暂的。二是产融合作的价格应由市场决定，这样才能通过竞争和优胜劣汰使产业资源和金融资源都能实现优化配置。

1.4.2 有为政府

政府是产融合作的重要参与主体，试点成功背后离不开有为政府的作用发挥，具体体现在以下方面：一是如果没有政府参与产融合作试点的前期阶段，由于缺少短期可观的利益驱动，大多金融机构缺乏主动服务中小企业、科技企业的动力，产融合作难以推行。政府通过财政补贴、减税降费等多种财政手段，可以有效整合城市政策、产业、金融资源，引导丰富金融供给。二是政府作为服务机构，能够协调多方力量，打破产融合作的信息壁垒，缓解产融合作的信息不对称问题，进而降低金融机构服务企业的中间费用和风险承担水平。三是政府虽然在产融合作中主要承担中介服务功能，但也能在产融合作推进的困难区域主动补充金融供给，比如在普通金融机构投资、贷款重点产业种子期、初创期企业犹豫不决时，发挥政府引导基金的功效。四是政府不仅可以通过产业基金等形式发挥地方政府资金的杠杆作用，引导资金向重点产业和重点项目聚合，还能引导金融产品、服务创新实现适度的产融合作。

1.5 主要合作路径

综合两批产融合作试点城市申报材料——“产融合作试点城市实施方案编制提纲”来看，产融合作试点主要从以下六方面展开。

第一，搭建产融合作平台，加强信息共享，解决产融之间的信息不对称问题。加快5G、人工智能、工业互联网、大数据、区块链等在信息共享中的应用，搭建产融合作平台，探索金融与产业发展相适应的数据共享模式。建立沟通交流机制和信息共享模式，加快推动各地区、各部门间数据共享交换。发布融资需求信息，按照市场化、法治化原则推动开展银企信息对接活动，引导金融机构在风险可控、商业可持续前提下自主决策提供精准金融服务。

第二，发展金融科技产业，强化金融科技合理应用，推动科技赋能产融合作。落实金融科技发展规划和中小企业数字化赋能专项行动方案，基于人工智能，构建企业信用监测、智能风控、自动供需匹配等服务体系，促进企业低成本融资增信。运用区块链技术，提供合同多方在线签署、存证服务，传递供应链上下游信用价值，激发企业数据资产活力。加快培育数据要素市场，强化数据资产管理，在依法合规前提下充分挖掘和释放数据要素的资源价值。加强网络安全和信息安全防护，做好新技术应用风险防范。

第三，创新金融产品和金融服务，推动间接融资和直接融资平衡发展，畅通多元化融资渠道。积极创新金融产品和服务，落实差别化信贷政策。鼓励增加制造业中长期贷款和信用贷款，支持技术水平先进、示范带动作用强的制造业项目。推进绿色金融体系建设和绿色金融产品创新，发展重大环保装备融资租赁，落实工业节能与综合利用绿色信贷政策。推进普惠金融发展，创新数字普惠金融产品和服务，鼓励提高小微企业信用贷款、续贷业务发放比例，加大首次贷款支持力度。鼓励建设无形资产确权、评估、质押、流转体系，推进知识产权质押融资、股权质押融资、科技保险等金融产品创新。探索基金合作新模式，鼓励地方设立产业投资基金、创业投资基金、科技成果引导基金等，加强中央层面基金与地方基金合作。推动资本市场直接融资发展，开展政策宣传和培训辅导，做好重点企业上市培育，推动企业上市或挂牌融资，支持企业扩大债券融资，鼓励发展私募股权投资和创业投资。

第四，创新财政金融有效互动新模式，增强政策协同效果，降低产融合作成本。鼓励地方以财政资金为引导，综合运用以奖代补等方式，引导金融机构加大融资支持力度。大幅拓展政府性融资担保覆盖面并明显降低费率。加快发行和用好地方政府专项债券，支持符合条件的新型基础设施政府投资项目。

第五，优化供应链金融，加强金融机构和核心企业合作，保障产业链供应链稳定。引导金融机构主动对接产业链核心企业，支持核心企业以预付款形式向上下游企业支付现金，支持企业以应收账款、存货质押等进行融资。运用适当金融手段帮助解决拖欠民营企业、中小企业账款问题。鼓励集团财务公司为本集团成员单位提供低成本、个性化、专业化的金融服务。

第六，发挥保险市场作用，建立风险补偿机制，确保市场主体平稳有序运行。鼓励开展保险创新，积极开发促进制造业发展的保险产品，建立符合本地制造业发展导向的保费补贴和风险补偿机制。发挥首台（套）重大技术装备保险补偿机制和重点新材料首批次应用保险补偿机制作用。扩大保险资金对制造业领域投资，通过多种形式提供长期稳定资金。

2 国家产融合作试点城市整体分析

2.1 基本概况

2016年，工信部、财政部、人民银行和银监会联合印发《关于组织申报产融合作试点城市的通知》，在全国范围内开展产融合作试点城市的遴选工作。通知下发后，各省市地区积极响应。经过地方申报、省级相关部门审核、专家评审、网上公示等程序，全国有37个城市（区）入选第一批产融合作试点城市（区）名单。为进一步增强金融服务实体经济能力，2020年，工信部、财政部、人民银行、银保监会、证监会五部门印发《关于组织申报第二批产融合作试点城市的通知》，组织开展第二批产融合作试点城市申报工作。入选第二批产融合作试点城市（区）的地区共有51个，其中包括第一批延续试点城市（区）18个。两批入选的城市（区）共计70个，如表2–1所示。

表2–1　第一、第二批产融合作试点城市（区）

序号	省（自治区、直辖市、计划单列市[①]）	城市（区）	第一批国家产融合作试点城市（区）	第二批国家产融合作试点城市（区）	
				第一批延续	第二批新增
1	北京市	海淀区	√		
2		顺义区	√		

① 计划单列市全称为国家社会与经济发展计划单列市。现有的计划单列市是在行政建制不变的情况下，省辖市在国家计划中列入户头并赋予这些城市相当于省一级的经济管理权限。表中的青岛市、宁波市、厦门市、深圳市即为计划单列市。

续 表

序号	省（自治区、直辖市、计划单列市）	城市（区）	第一批国家产融合作试点城市（区）	第二批国家产融合作试点城市（区）	
				第一批延续	第二批新增
3	北京市	朝阳区			√
4		北京经济技术开发区			√
5	天津市	天津经济技术开发区（滨海新区中心商务区）①	√	√	
6	河北省	唐山市	√		
7		廊坊市			√
8		雄安新区			√
9	山西省	山西转型综合改革示范区			√
10	内蒙古自治区	霍林郭勒市			√
11	辽宁省	盘锦市	√		
12		锦州市			√
13	吉林省	吉林市	√	√	
14	黑龙江省	哈尔滨市	√	√	
15		齐齐哈尔市	√		
16		大庆市			√
17	上海市	浦东新区	√		
18		青浦区			√
19		闵行区			√
20		嘉定区	√		

① 2018年年初，天津市滨海新区、中心商务区并入天津经济技术开发区。

续 表

序号	省（自治区、直辖市、计划单列市）	城市（区）	第一批国家产融合作试点城市（区）	第二批国家产融合作试点城市（区）	
				第一批延续	第二批新增
21	江苏省	南京市	√		
22		苏州市	√	√	
23		无锡市			√
24		常州市			√
25	浙江省	义乌市	√		
26		桐乡市	√		
27		湖州市			√
28		嘉善县			√
29	安徽省	芜湖市	√	√	
30	福建省	泉州市			√
31		莆田市			√
32	江西省	南昌市	√		
33		赣州市	√		
34		瑞昌市			√
35	山东省	潍坊市	√	√	
36		德州市	√	√	
37		济南市			√
38		烟台市			√
39	河南省	洛阳市	√	√	
40		许昌市	√	√	
41		郑州市			√
42		新乡市			√
43	湖北省	宜昌市	√	√	
44		荆州市			√

续 表

序号	省（自治区、直辖市、计划单列市）	城市（区）	第一批国家产融合作试点城市（区）	第二批国家产融合作试点城市（区）	
				第一批延续	第二批新增
45	湖南省	长沙市	√		
46		株洲市	√	√	
47	广东省	汕头市	√	√	
48		佛山市	√		
49		广州市越秀区			√
50		韶关市			√
51	广西壮族自治区	桂林市	√		
52		北海市			√
53		贵港市			√
54	重庆市	重庆市	√		
55	四川省	成都市	√		
56		绵阳市	√	√	
57		宜宾市			√
58		泸州市			√
59	贵州省	贵阳市	√	√	
60		遵义市			√
61		福泉市			√
62	陕西省	宝鸡市	√		
63		杨凌示范区			√
64	新疆维吾尔自治区	乌鲁木齐市	√	√	
65		哈密市	√	√	
66	青岛市	即墨区			√

续 表

序号	省（自治区、直辖市、计划单列市）	城市（区）	第一批国家产融合作试点城市（区）	第二批国家产融合作试点城市（区）	
				第一批延续	第二批新增
67	宁波市	慈溪市	√		
68		鄞州区			√
69	厦门市	厦门市	√	√	
70	深圳市	深圳市	√	√	

2.1.1 第一批试点

如图 2-1 所示，在第一批产融合作试点城市（区）中，各级城市都有入选。参考《2016中国城市商业魅力排行榜》[①]城市分级榜单，第一批试点城市（区）中有一线城市（区）5个，占比为14%；新一线城市（区）8个，占比为22%；二线城市10个，占比为27%；三线城市10个，占比为27%；四线、五线城市纳入其他城市类别统计，共有4个，占比为11%。

具体来看，5个参加试点的一线城市（区）分别是北京市海淀区、顺义区和上海市浦东新区、嘉定区以及深圳市。这些城市的综合经济实力位于国家前列，金融市场发达，具有主导能力和辐射作用。以上特点都为它们通过产融合作试点城市申请创造了有利的条件，也为产融合作的推进打下了坚实基础。

8个试点的新一线城市（区）是成都市、重庆市、南京市、苏州市、天津市滨海新区中心商务区、长沙市、宁波市慈溪市和厦门市。其中有直辖市，拥有雄厚的经济基础和庞大的中产阶层人群以及可观的政治资源；也有区域中心城市，对周边多个省份具有辐射能力，有雄厚的教育资源、深厚的文化积淀和便利的交通；还有东部经济发达地区的省会城市和沿海开放城市，有

① 2016年，第一财经·新一线城市研究所发布《2016中国城市商业魅力排行榜》，通过收集160个品牌的门店分布和14家互联网公司的用户数据，按照商业资源集聚度、城市枢纽性、城市人活跃度、生活方式多样性和未来可塑性五大维度的平均加权计算，分级338个中国地级及以上城市。资料来自凤凰网（https：//finance.ifeng.com/a/20170507/15359464_0.shtml）。

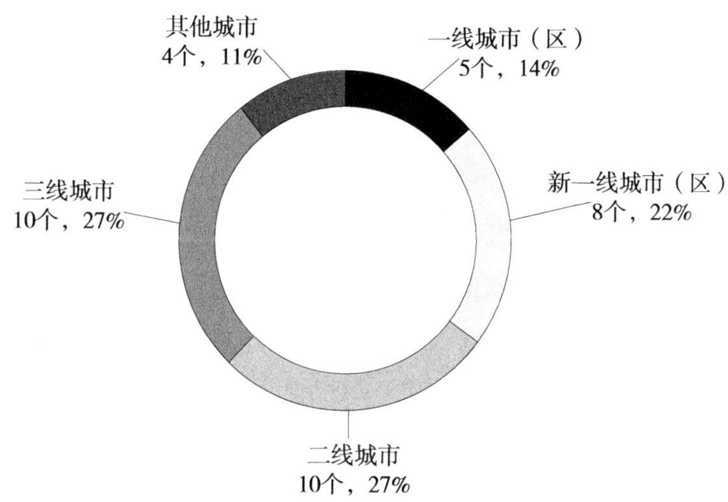

图2-1 第一批产融合作试点城市的城市类别

良好的经济基础、便利的交通和独特的城市魅力。扎实的经济基础为新一线城市开展产融合作创造了优势条件。

10个试点的二线城市是贵阳市、哈尔滨市、南昌市、潍坊市、义乌市[①]、桐乡市[②]、洛阳市、汕头市、佛山市、乌鲁木齐市。这些城市有一定的经济基础，商业活跃度相对较强，对大公司、大品牌和优秀人才具有一定的吸引力，也正在或者即将成为部分大公司未来布局的重点区域。同时，政府也十分重视当地金融业发展和努力提高服务中小企业的水平。比如，为促进当地中小企业融资，厦门市经济和信息化局早在2015年就已推出"金融云"平台，为后期产融合作奠定了良好基础。[③]

10个试点的三线城市是赣州市、桂林市、绵阳市、唐山市、芜湖市、宜昌市、株洲市、吉林市、齐齐哈尔市、宝鸡市。这些城市的基础设施、商业配套和交通设施相对比较完善，城市拥有一些支柱产业，产业结构相对比较

① 义乌市是浙江省辖县级市，由金华市代管，按照金华市的城市级别分类。

② 桐乡市是浙江省辖县级市，由嘉兴市代管，按照嘉兴市的城市级别分类。

③ 2016年，厦门市经济和信息化局在"金融云"平台基础上升级研发，又推出了"厦门市产融合作云"平台。

合理，对某些大型企业具有一定的吸引力，但城市综合竞争力仍有待进一步提高。三线城市的经济水平与一线、新一线及二线城市比相对较弱，入围大多得益于地方性产业特色与政府在产业发展中的有力支持与引导表现。

4个试点的其他城市包括3个四线城市和1个五线城市。其中，四线城市有盘锦市、德州市、许昌市，五线城市有哈密市。这类城市规模、经济社会发展和交通建设水平较为普通，以地级市为主。虽然拥有一些特色产业，但整体产业基础和金融发展基础相对较弱。因为这些城市的经济社会发展主要依赖于本地中小型企业或资源型企业，所以也具有较大的产融合作需求。

2.1.2 第二批试点

第二批产融合作试点城市申报启动于2020年，参考《2020城市商业魅力排行榜》的城市分级名单来看，第二批产融合作试点城市的类型与第一批情况整体相似，四线、五线城市的占比有较大提升。如图2–2所示，包括第一批延续试点城市在内，一线城市（区）共有6个，占比为12%；新一线城市（区）5个，占比为10%；二线城市（区）12个，占比为24%；三线城市（区）16个，占比为31%；其他城市12个，占比为24%。具体名单如表2–2所示。

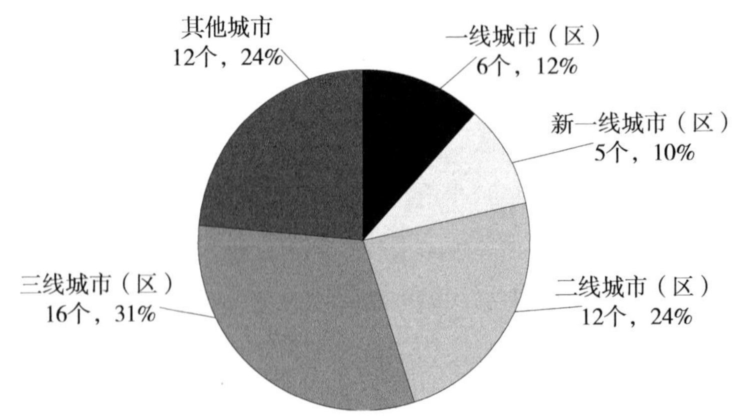

图2–2 第二批产融合作试点城市的城市类别

资料来源：澎湃新闻网（https：//www.thepaper.cn/newsDetail_forword_7617669）。

表2-2　　　　第二批产融合作试点城市（区）

城市类别	产融合作试点城市（区）
一线城市（区）	北京市朝阳区、北京市北京经济技术开发区、上海市青浦区、上海市闵行区、广州市越秀区、深圳市*
新一线城市（区）	天津市天津经济技术开发区*、河北省雄安新区①、苏州市*、郑州市、青岛市即墨区
二线城市（区）	廊坊市、山西省山西转型综合改革示范区②、哈尔滨市*、无锡市、常州市、嘉善县、泉州市、济南市、烟台市、贵阳市*、宁波市鄞州区、厦门市*
三线城市（区）	大庆市、湖州市、芜湖市*、莆田市、瑞昌市③、潍坊市*、洛阳市*、新乡市、宜昌市*、荆州市、株洲市*、汕头市*、绵阳市*、遵义市、陕西省杨凌示范区④、乌鲁木齐市*
其他城市	四线城市：锦州市、吉林市*、德州市*、许昌市*、韶关市、北海市、宜宾市、泸州市、福泉市⑤
	五线城市：霍林郭勒市、贵港市、哈密市*

注：右上角带*的为第一批延续试点的城市（区）。

综合来看，两批产融合作试点都有不同类别的城市入选，既有在国际上赫赫有名的一线城市，也有发展暂时落后一些的四线、五线城市。可见，经济绝对规模、商业资源集聚程度、城市枢纽性特征等都不是决定是否纳入产融合作试点的重要考察指标，关键还是在于这些城市或地区是否具有符合国家战略发展、有待进一步优化的特色产业，是否已经具备一定支撑产业发展的金融基础，以及是否具有对产融合作高度重视的政府组织等。

① 《2020城市商业魅力排行榜》中无雄安新区分级信息。考虑到雄安新区仍处于建设中以及未来将要打造为一线城市，本书暂将其归类为新一线城市（区）。

② 山西省山西转型综合改革示范区是2010年11月25日国务院批准成立的国家资源型经济转型综合配套改革试验区，参照太原市确定城市级别。

③ 瑞昌市是江西省辖县级市，由九江市代管，按照九江市的城市级别分类。

④ 陕西省杨凌示范区于1983年划归咸阳市管辖，1997年划归国家杨凌农业高新技术产业示范区管辖。综合考虑地理位置和地区生产总值水平，参照咸阳市确定城市级别。

⑤ 福泉市由黔南布依族苗族自治州代管，按照排行榜中“黔南”的城市级别分类。

2.2 经济发展情况

2.2.1 地区生产总值

第一批产融合作试点的37个城市（区）在经济总量上差异较大。如图2-3所示，在试点申请的前一阶段（2013—2015年），地区生产总值排名前三位的城市是深圳市、重庆市、苏州市，它们每年生产总值都超过1.2万亿元；在剩余城市中，除了成都市地区生产总值在2014年、2015年突破1万亿元，其余城市均在1万亿元以下。包括赣州市、桂林市等13个城市（区）每年地区生产总值均不足0.2万亿元。在经济发展趋势方面，有33个试点城市（区）的经济总量都呈现明显增长态势，只有唐山市、吉林市、齐齐哈尔市、盘锦市4个城市出现下滑。

第二批产融合作试点城市（区）在经济总量方面依然差距很大。如图2-4、图2-5所示，在第二批试点前期（2017—2019年），深圳市和苏州市的经济总量优势十分明显，其中深圳市2017—2019年地区生产总值超过2万亿元，苏州市超过1.6万亿元，此外，无锡市地区生产总值连续三年超过1万亿元，郑州市在后两年突破1万亿元水平。其余城市（区）生产总值在1万亿元以下，其中包括泸州市、北京市北京经济技术开发区、韶关市、北海市等12个城市（区）不足0.2万亿元。从经济发展走势来看，仅有34个城市（区）的经济总量能够持续增长，其他城市存在经济规模下降、持平、波动的情况。

2.2.2 产业结构

从可得数据来看[①]，入选产融合作试点的两批城市（区）在试点前大多是第二、第三产业比重远高于第一产业。

---

① 部分地区的三大产业数据不可得。第一批试点地区3个，包括天津市滨海新区中心商务区、上海市浦东新区、上海市嘉定区；第二批试点地区11个，包括天津市天津经济技术开发区、北京市北京经济技术开发区、河北省雄安新区、山西省山西转型综合改革示范区、内蒙古自治区霍林郭勒市、上海市青浦区、上海市闵行区、广东省广州市越秀区、陕西省杨凌示范区、宁波市鄞州区、青岛市即墨区。其中，乌鲁木齐市采用其辖区数据。

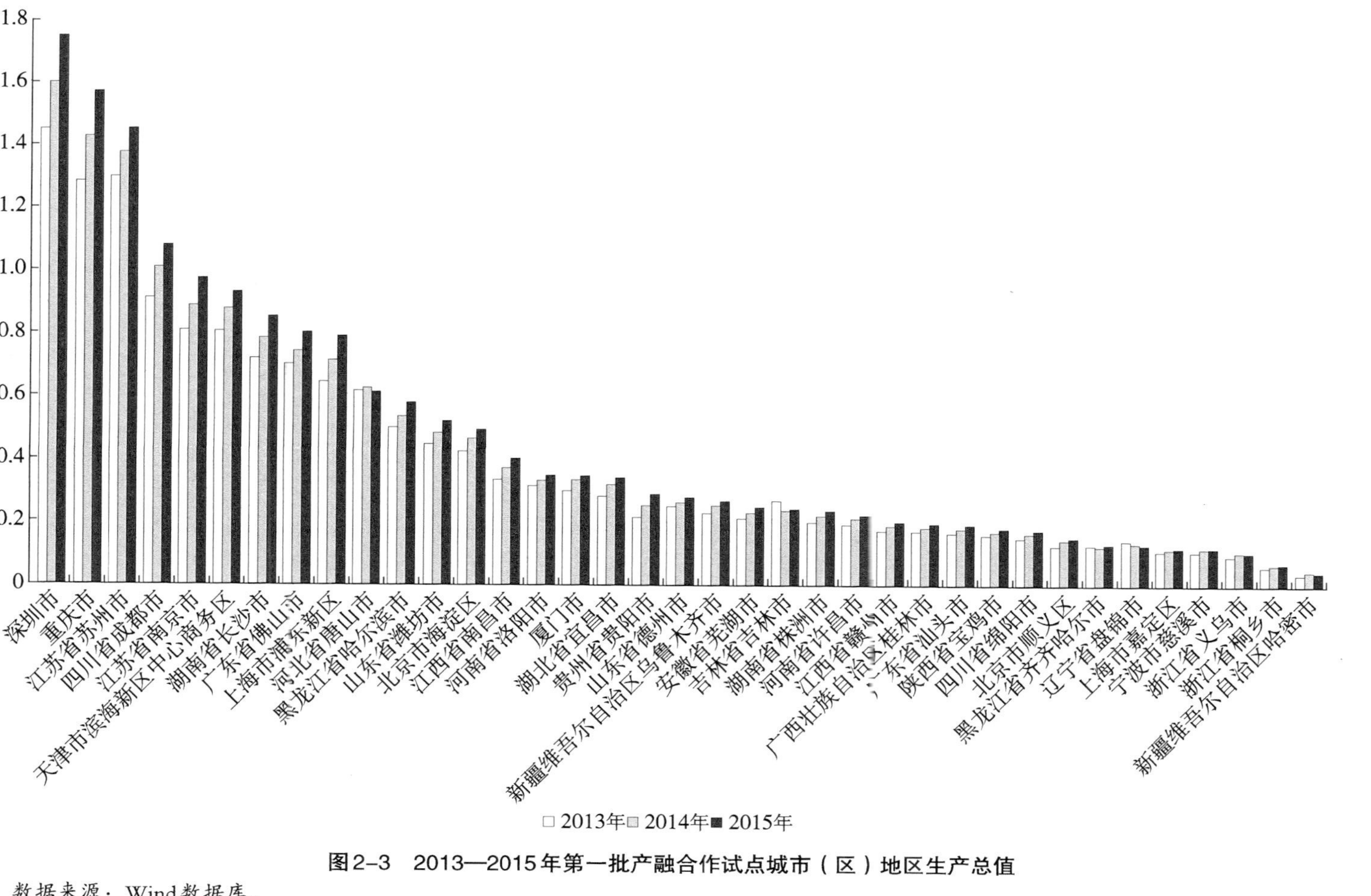

图2-3 2013—2015年第一批产融合作试点城市（区）地区生产总值

数据来源：Wind数据库。

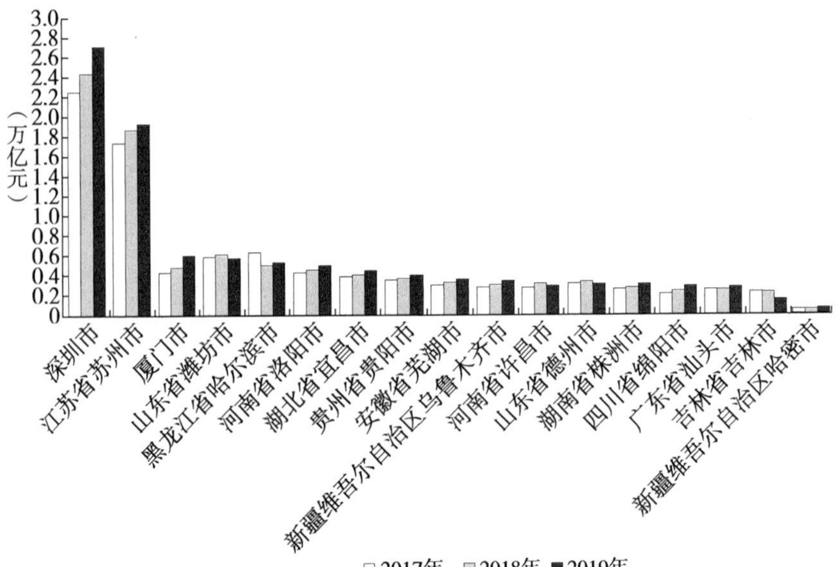

图2-4　2017—2019年第一批延续产融合作试点城市（区）地区生产总值

注：天津市天津经济技术开发区暂不列入。

数据来源：Wind数据库。

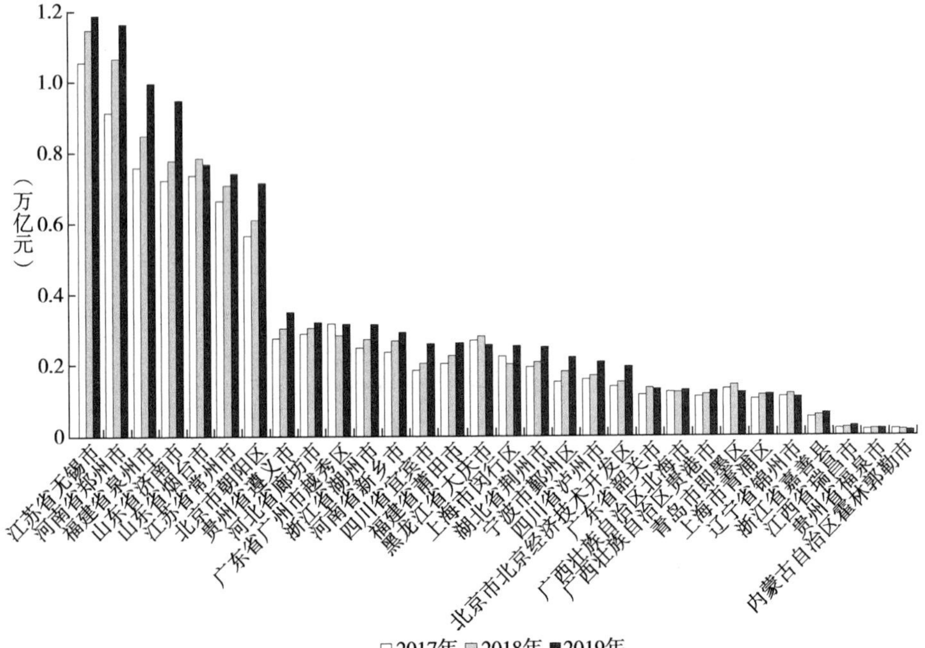

图2-5　2017—2019年第二批新增产融合作试点城市（区）地区生产总值

注：河北省雄安新区、山西省山西转型综合改革示范区、陕西省杨凌示范区暂不列入。

数据来源：Wind数据库。

在第一批产融合作试点前，绵阳市、株洲市等21个城市[①]第二产业占地区生产总值比重高于第三产业，城市工业较为发达；北京市海淀区、顺义区及重庆市、苏州市、成都市、贵阳市等13个城市（区）[②]则是第三产业比重超过第二产业，服务业占据主导地位（见图2–6）。

在第二批产融合作试点前，泸州市、宜宾市、宜昌市等16个地区[③]的第二产业占地区生产总值比重高于第三产业，城市工业较为发达；苏州市、贵阳市、株洲市、绵阳市等23个城市（区）[④]则是第三产业占比超过第二产业，服务业占据主导地位；汕头市第二产业与第三产业发展基本持平，各占48%左右（见图2–7）。

2.3 两批试点申报要求对比分析

2.3.1 第一批试点

2016年，工信部等部门联合发布《关于组织申报产融合作试点城市的通知》（以下简称《通知》），明确提出申报产融合作试点的城市应当同时具备四个条件：第一，产业基础较好，产业特色鲜明，产业链龙头企业优势地位突出，产业链上下游企业的协作配套能力较强；第二，金融资源丰富，具备银行、保险、租赁等资源，产业基金、风险投资等各类社会投资活跃，相关业务间协同较好，金融产品和金融服务创新能力较强；第三，政府对产融合作工作高度重视，产融合作列入本地重要工作，建立了相关机构或工作机制，资源整合能力较强，安排了相关专项资金，组织保障和政策保障有力；第四，产融合作具有一定的基础，制定了重点企业和重点项目融资需求清单，开展

① 其余地区为长沙市、佛山市、唐山市、潍坊市、南昌市、洛阳市、宜昌市、德州市、芜湖市、吉林市、许昌市、赣州市、桂林市、汕头市、宝鸡市、盘锦市、慈溪市、桐乡市、哈密市。

② 其余地区为深圳市、南京市、哈尔滨市、厦门市、乌鲁木齐市、齐齐哈尔市、义乌市。

③ 其余地区为芜湖市、许昌市、哈密市、泉州市、遵义市、湖州市、新乡市、莆田市、大庆市、北海市、嘉善县、瑞昌市、福泉市。

④ 其余地区为深圳市、厦门市、潍坊市、哈尔滨市、洛阳市、乌鲁木齐市、德州市、吉林市、无锡市、郑州市、济南市、烟台市、常州市、北京市朝阳区、廊坊市、荆州市、韶关市、贵港市、锦州市。

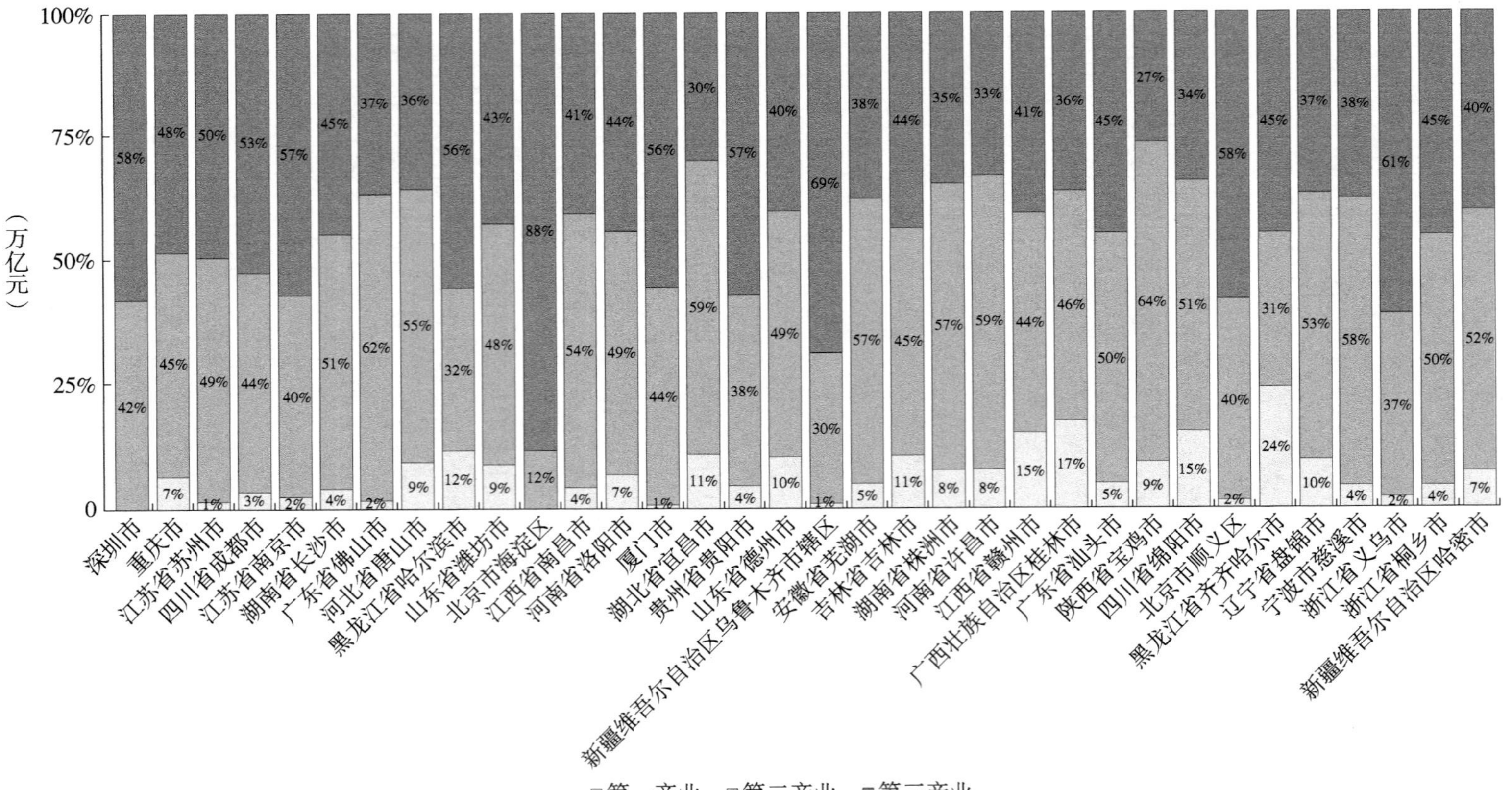

图2-6 2015年第一批产融合作试点城市（区）三大产业占地区生产总值比重

数据来源：Wind数据库。

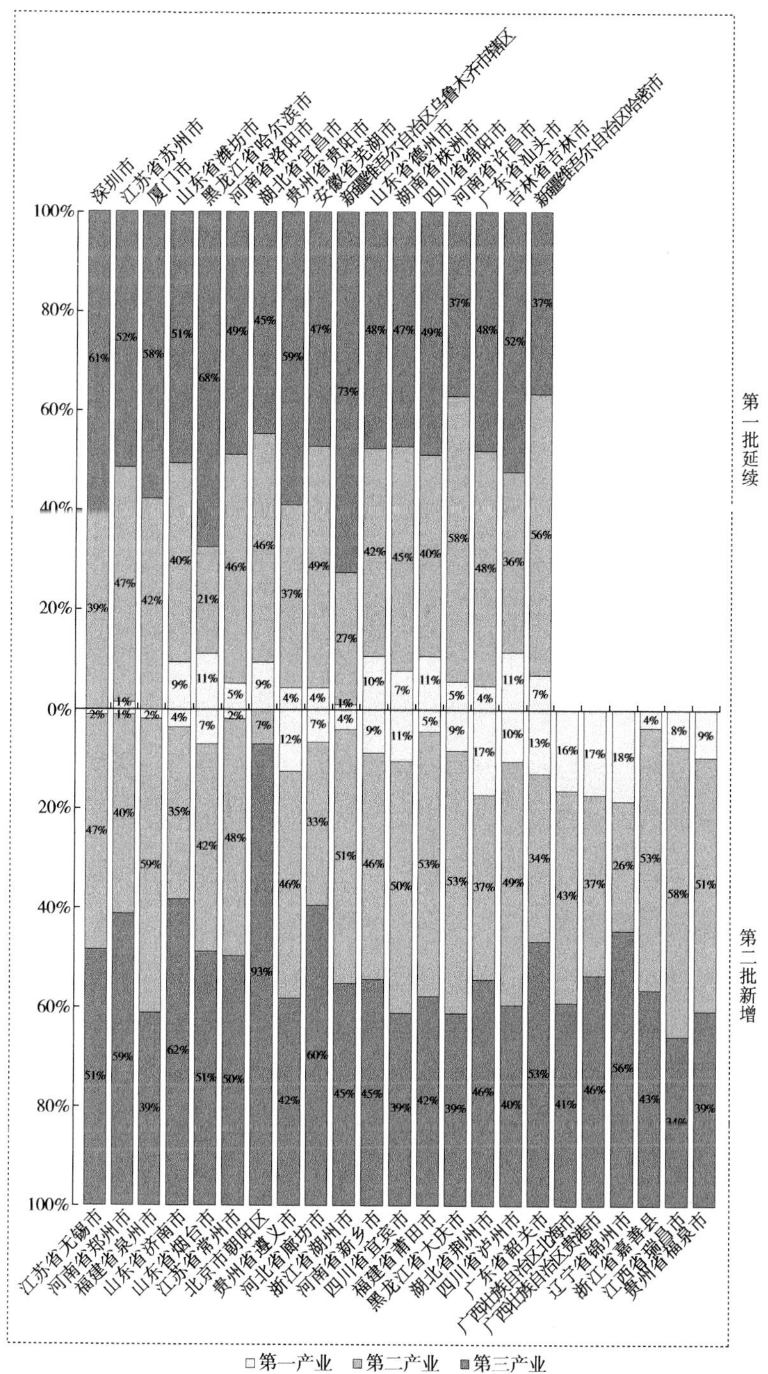

图2-7 2019年第二批产融合作试点城市（区）三大产业占地区生产总值比重

数据来源：Wind数据库。

了多种形式的银企对接活动，政银企信息沟通顺畅，产业与金融互动较好。

《通知》指出了六项主要试点内容：一是加强信息共享，搭建产融合作平台；二是积极创新金融产品和金融服务，要引导金融机构开发适合“双创”、推动实体经济发展的金融产品等；三是探索各类基金合作的新模式，要发挥财政资金的杠杆撬动作用，引导产业资本、金融资本、社会资本支持本地区重点产业发展；四是创新财政金融有效互动的模式，鼓励地方政府引导金融机构加大对重点企业和重点项目的融资支持；五是完善产业链金融服务，为产业链上下游创业者提供资金支持，鼓励财务公司为本集团成员单位提供低成本、个性化、专业化的金融服务；六是其他试点内容。本次试点还提出不要求面面俱到，重在突出主题、结合实际、务实推进。试点城市可结合实际，在工信部等印发的《加强信息共享 促进产融合作行动方案》的框架下自行设计和推进试点。

2.3.2 第二批试点

为进一步增强金融服务实体经济的能力，2020年，工信部、财政部、人民银行、银保监会、证监会五部门印发《关于组织申报第二批产融合作试点城市的通知》（以下简称《第二批通知》）。县级及以上城市（区）原则上均可申报第二批产融合作试点。

《第二批通知》中列出了申报城市（区）应具备的四个条件：一是对产融合作工作高度重视，将产融合作列入本地重点工作，建立相关机构或工作机制，资源整合能力较强，安排相关专项资金，组织保障和政策保障有力，积极支持和参与国家产融合作平台建设；二是产业基础能力较强，产业特色鲜明，产业链水平较高，金融资源较为丰富，金融科技发展条件良好，普惠金融和绿色金融发展初显成效，有效防范化解金融风险；三是产融合作相关做法亮点突出，金融支持制造业力度较大，战略性新兴产业、新型基础设施建设等重点领域的产融合作成效较为显著，积极应用工业大数据等赋能产融合作；四是积极落实常态化疫情防控举措，支持企业复工复产，在做好“六稳”工作、落实“六保”任务等方面取得实效，有力保障经济社会秩序全面恢复。

《第二批通知》还提出了六项主要试点内容：一是搭建产融合作平台，加强信息共享；二是强化金融科技合理应用，推动科技赋能产融合作；三是推动间接融资和直接融资平衡发展，畅通多元化融资渠道；四是创新财政支持方式，增强政策协同；五是优化供应链金融，保障产业链供应链稳定；六是发挥保险市场作用，确保市场主体平稳有序运行。

同时，《第二批通知》还附有定量指标统计表，指导各申报城市从多角度统计2017—2019年的产融合作水平，为相关部门决策试点城市提供参考。定量指标一共包括产业发展、金融资源、金融科技、信息对接、财政支持五大维度，共35个指标，详见文后附表。

2.3.3　对比分析

两批产融合作试点城市的申报通知都对申报条件和试点内容进行了说明，本节也从以上两方面展开分析。

（1）申报条件对比

在申报条件方面，两批都从产业基础、金融资源、组织和制度保障、产融合作基础四个方面对试点城市提出要求，但除产业基础要求基本相同外，其他三个方面的要求侧重点有所不同（见表2–3）。

表2–3　两批产融合作试点城市申报条件对比

申报批次 / 申报条件	第一批	第二批
产业基础	产业基础较好，产业特色鲜明，产业链龙头企业优势地位突出，产业链上下游企业的协作配套能力较强	产业基础能力较强，产业特色鲜明，产业链水平较高
金融资源	金融资源丰富，具备银行、保险、租赁等资源，产业基金、风险投资等各类社会投资活跃，相关业务间协同较好，金融产品和金融服务创新能力较强	金融资源较为丰富，金融科技发展条件良好，普惠金融和绿色金融发展初显成效，有效防范化解金融风险

续 表

申报批次 申报条件	第一批	第二批
组织和制度保障	政府对产融合作工作高度重视，产融合作列入本地重要工作，建立了相关机构或工作机制，资源整合能力较强，安排了相关专项资金，组织保障和政策保障有力	对产融合作工作高度重视，将产融合作列入本地重点工作，建立相关机构或工作机制，资源整合能力较强，安排相关专项资金，组织保障和政策保障有力，积极支持和参与国家产融合作平台建设
产融合作基础	产融合作具有一定基础，制定了重点企业和重点项目融资需求清单，开展了多种形式的银企对接活动，政银企信息沟通顺畅，产业与金融互动较好	产融合作相关做法亮点突出，金融支持制造业力度较大，战略性新兴产业、新型基础设施建设等重点领域的产融合作成效较为显著，积极应用工业大数据等赋能产融合作
其他方面	无	积极落实常态化疫情防控举措，支持企业复工复产，在做好“六稳”工作、落实“六保”任务等方面取得实效，有力保障经济社会秩序全面恢复

在金融资源方面，第一批产融合作试点城市着重强调金融资源丰富，金融手段多样。在此基础上，第二批产融合作试点城市还要求这些丰富的金融资源具有发展性、适用性，并具备与之匹配的金融风险控制能力。主要表现为科技能够赋能金融，可以运用到普惠金融和绿色金融等重要领域，地方能够在创新及运用金融资源的同时，实时动态监测金融风险，将金融风险控制在一定合理范围内。

在组织和制度保障方面，两批产融合作试点都要求申报城市重视产融合作工作，需要具备建立跨部门工作机制的能力，能够保障产融合作相关政策的制定和落地。第二批还新增“积极支持和参与国家产融合作平台建设”要求，这从侧面反映出新一轮试点将会充分发挥国家产融合作平台作用，通过进一步建设和完善，实现跨区域统筹产融信息、产融对接等工作，从而在更大范围内优化产融合作试点效果。

在产融合作基础方面，第一批试点仅要求“具有一定的基础”，第二批试点则要求产融合作“相关做法亮点突出”，并且将产融合作试点目标从“重点企业”“重点项目”扩大到了产业，具体包括制造业、战略性新兴产业、新型基础设施建设等，这与《中华人民共和国国民经济和社会发展第十四个五年规划和2035年远景目标纲要》的“加快发展现代产业体系，巩固壮大实体经济根基”“深入实施制造强国战略”“发展壮大战略性新兴产业”等发展目标基本一致。

此外，在新冠病毒感染疫情继续蔓延的形势下，第二批产融合作试点城市还新增了常态化积极防控疫情能力的条件，要求有力保障全面恢复经济社会秩序，做好“六稳”，落实“六保”。这是为了确保试点城市在常态化疫情防控环境下，能够顺利完成产融合作目标，取得良好的产融合作效果。

（2）试点内容对比

在试点内容方面，第一、第二批产融合作试点城市都要求在产融合作平台、金融产品和金融服务、财政支持、产业链金融方面有所突破（见表2–4）。

表2–4　两批产融合作试点城市试点内容对比

申报批次	第一批	第二批
试点内容	加强信息共享，搭建产融合作平台	搭建产融合作平台，加强信息共享
	积极创新金融产品和金融服务	强化金融科技合理应用，推动科技赋能产融合作
		推动间接融资和直接融资平衡发展，畅通多元化融资渠道
		发挥保险市场作用，确保市场主体平稳有序运行
	创新财政金融有效互动的模式	创新财政支持方式，增强政策协同
	完善产业链金融服务	优化供应链金融，保障产业链供应链稳定

续 表

申报批次	第一批	第二批
试点内容	探索各类基金合作的新模式	—
	试点城市可结合实际，设计和推进其他内容	—

如表2-4所示，除了对产融合作平台建设的要求没有太大表述变化，第二批试点在其他方面的工作重点都有所调整。比如，第一批试点提出“积极创新金融产品和金融服务”，重点在于结合产业需求，凭借企业优势、利用科学技术提供更多的金融产品和服务；第二批试点则未直接提及创新金融产品和服务，而是从运用和目标的角度去表述，指出要“强化金融科技合理应用”“畅通多元化融资渠道”“发挥保险市场作用”。

这种表述差别体现出：在产融合作试点的新阶段，已经不再简单追求金融产品和金融服务的创新数量，而是更加关注创新质量，关注能否合理运用现代技术缓解产融信息不对称问题，能否降低企业融资成本，管控企业融资风险，真正实现科技赋能金融。这是培育重点企业的效率要求，以充分满足企业的直接融资需要，进一步推进我国资本市场的多层次发展；也是对妥善处理产融合作风险的要求，通过发挥保险市场的风险转移功能，降低金融机构的风险承担水平，建立重要的风险补偿机制，实现有效防范化解金融风险，激发产融合作活力。

第二批试点还取消了“探索各类基金合作的新模式”的表述，这与我国各地各类基金已经初见成效具有一定关系。同时，由于各地已经完成产业链金融服务的初步探索，关于产业链金融服务的措辞也从“完善”调整为“优化”，后期重点主要是“引导金融机构主动对接产业链核心企业”以及“支持核心企业以预付款形式向上下游企业支付现金”等内容。

2.4 部分实施方案的比较分析

为了实现试点目标，两批申报成功的城市（区）都结合自身产业优势和城市发展规划，编制了产融合作实施方案。本节通过比较部分试点城市的产融合作实施方案，分析各城市的产融合作重点。

由于大部分城市（区）试点方案未公开，本报告仅以资料可得的10个试点城市作为分析对象，它们是成都市、重庆市、慈溪市、赣州市、贵阳市、盘锦市、厦门市、许昌市、宜昌市、株洲市。10个试点城市都属于第一批试点，其中，贵阳市、厦门市、许昌市、宜昌市、株洲市还是第一批连续试点。所有产融合作实施方案都是第一批试点时期的方案。

本书采用文本分析法，使用Python中文分词组件（Jieba[①]）对10份试点城市产融合作实施方案进行分析。在对方案内容进行分词处理时，已经剔除常见形容词和缺少实际意义的干扰词，最后统计了出现10次以上的高频词。具体结果如图2-8和图2-9所示。

图2-8　部分试点城市产融合作实施方案高频词云

在全部实施方案中，“基金”一词出现频数最多（175次），与其搭配组成的词语主要有“产业基金”“基金公司”“补偿基金”“风险基金”等，反映出这些试点城市都把建立多层次、多方位的产业发展基金体系和构建风险处置机制作为工作重点。

由于金融机构是产融合作的参与主体，“金融机构”一词出现频数位居第二（173次）。“银行”作为金融体系中发挥至关重要作用的金融中介，也被单

① Jieba是Python中文分词组件，是用来进行分词的库。其分词准确性较高，是目前应用较为广泛的中文分词组件。

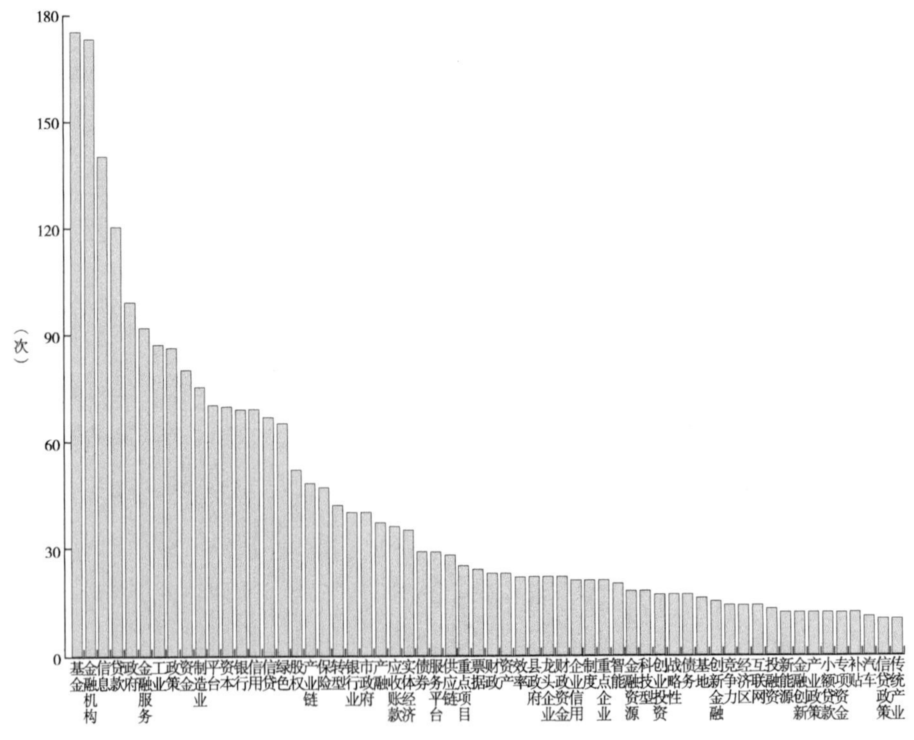

图2–9　部分试点城市产融合作实施方案高频词

独提起69次，内容主要与在银企之间创造良好的互信环境、畅通的对接机制、良好的合作方式相关。

就产融合作方式而言，提供哪些金融产品和“金融服务”（92次）是实施关键。拟重点推广发展的金融产品和金融服务主要有“贷款”（120次）、“资本”市场（70次）、“股权”融资（52次）、“保险”（47次）、“应收账款”融资（36次）、“供应链”融资（28次）等。

由于产融之间信息不对称是引起产融对接不畅的关键原因之一，“信息”也是各试点城市的关注重点，被提及多达140次。和它搭配出现的词语包括“信息平台”“信息共享”“信息公开”“信息对接”“信息需求”“信息查询”等。这些词组都反映出搭建产融合作综合性服务“平台”（70次）[①] 的重要性，

① “服务平台”被单独提到29次。

而产融合作平台必须首要破除产融之间的信息获取壁垒，建立高效的信息对接机制、畅通的政银企沟通协作机制，才能实现提高产融合作效率的目的。

政府（99次）[①]在产融合作中不可或缺，通常通过多种手段发挥引导、杠杆、增信等职能，包括制定和贯彻实施“政策”（86次），完善“财政”（23次）扶持制度，牵头搭建以企业“信用”数据库为核心的“信用”（69次）体系。

产融合作的最终目标是服务实体经济，促进产业结构“转型”（42次）升级。正因如此，“实体经济”一词总共出现35次。在具体产业方面，由于各地经济结构和发展形势不一，在方案中产融合作聚焦的产业存在一些差别，但“工业”（87次）、“制造业”（75次）仍是大多数城市的产融合作重点领域。除此之外，被提到较多的还有“互联网”（14次）、“新能源”（12次）、“汽车”（11次）等行业。针对“传统产业”（10次）转型升级过程中的碳排放等污染问题，产融合作也特别强调了发展“绿色”（65次）金融，比如针对“绿色项目”，建立和完善“绿色清单”，发放“绿色信贷”，加大“绿色产业基金”“绿色债券”等。另外，各试点城市在重点行业与金融资源合作中普遍以“重点项目”（25次）、“龙头企业”（22次）作为抓手展开。

① “市政府”和“县政府”分别还被单独提到40次和22次，未纳入计算。

3 北京市海淀区产融合作试点分析

2016年，北京市海淀区入选第一批国家产融合作试点城市（区）。试点期间，海淀区以精准服务科技型中小企业为着力点，打造了多方位立体化的金融服务体系，显著提升了产融合作效率。

3.1 基本发展概况

海淀区位于北京市区西北部，区域面积430.77平方千米，约占北京市总面积的2.6%。根据第七次全国人口普查数据显示，海淀区区内常住人口为3133469人，占北京市总人口的14.3%。①

海淀区是全国著名的科教文化区，科技、教育、文化资源丰富，区内有北京大学、清华大学、中国人民大学等83所高等院校及以中国科学院、中国工程院为代表的138所科研单位。②海淀区科技创新氛围浓厚，中关村科技园从20世纪80年代的“电子一条街”起步，发展到“新技术产业开发试验区”，再到“科技创新中心”的深刻转型，如今已经成为中国高新技术产业的代名词，是我国规模最大、自主创新能力最强的高新技术及企业的聚集地。根据海淀区人民政府数据③，2021年海淀区累计新增国家高新技术企业4504家，总数10604家，占北京市的37%；高新技术企业收入约3.4万亿元，占北京市的40%以上，五年年均增长13.1%。2021年实现地

① 数据来自北京市人民政府。

②《下一个破万亿的，是一个区？》。

③ https：//zyk.bjhd.gov.cn/jbdt/auto10489_51767/zfwj_57152/202112/t20211223_4504241.shtml。

区生产总值9501.7亿元，同比增长8.8%[①]，经济总量和增长贡献均位于北京市首位。

3.1.1 产业现状

2015年产融合作试点前，海淀区地区生产总值5359.7亿元。其中，第一产业增加值1.4亿元，第二产业增加值614.2亿元，第三产业增加值4744.1亿元。经过6年发展，2021年全区实现生产总值9501.7亿元，较2015年增长77.3%。其中，第一产业增加值1.9亿元，第二产业增加值831.3亿元，第三产业增加值8668.6亿元。[②]

从经济增长速度来看，海淀区2015—2019年一直在7%左右，5年平均增长率为7.3%。受新冠病毒感染疫情影响，2020年增速下滑至5.9%，2021年又回升至8.8%（见图3-1）。[③]

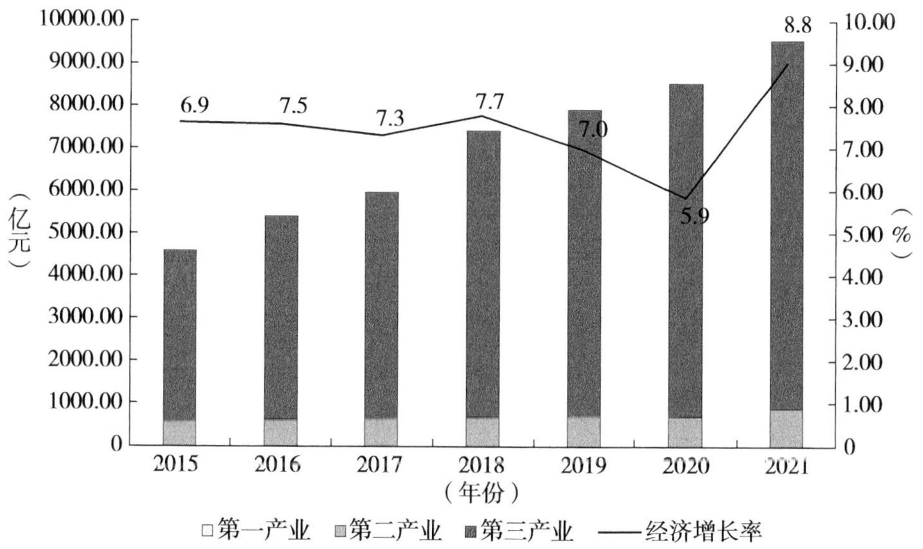

图3-1 2015—2021年北京市海淀区地区生产总值及经济增长率

① 数据来自中共北京市海淀区委员会。

② 数据来自《2022北京海淀统计年鉴》。

③ 2015—2021年海淀区经济增长率数据为不变价增速，数据分别来自2016—2022年海淀区统计年鉴。

从产业结构来看，海淀区经济发展一直以第三产业为绝对主导。2015年，第一、第二、第三产业增加值占地区生产总值比重分别为0.03%、11.46%、88.51%。自2018年起，第三产业比重开始超过90%（见图3-2）。

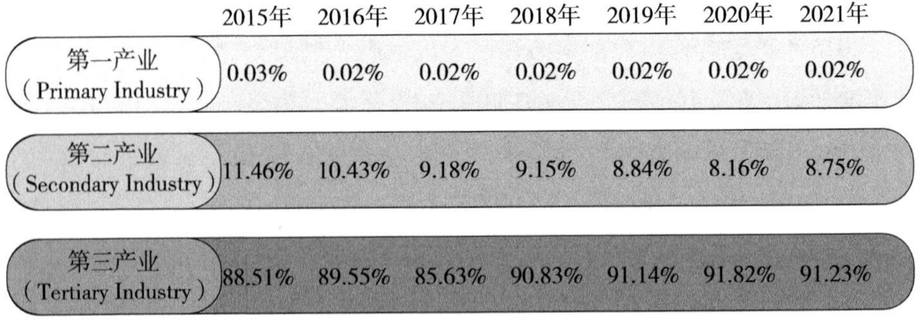

图3-2 2015—2021年北京市海淀区三大产业增加值占地区生产总值比重

数据来源：根据《2022北京海淀统计年鉴》数据计算。

从行业发展来看，海淀区已完成信息产业、科学研究和技术服务业两大高精尖产业布局。2021年，信息产业[①]全年实现增加值3816亿元，占地区生产总值的40.2%，两年平均增速为14.4%，是全区经济恢复的核心动能。科学研究和技术服务业全年实现增加值1183.1亿元，占地区生产总值的12.5%。金融业全年实现增加值967.8亿元，占地区生产总值的10.2%。

3.1.2 金融业现状

“十三五”期间，海淀区金融业高速发展，增加值从500亿元左右增长到近千亿元[②]（见图3-3），年均增速达14.8%。近年来，金融业占全区生产总值比重超过10%，成为继信息产业、科学研究和技术服务业之后的第三大支柱产业，初步形成了以全国创新资本中心、金融科技创新中心、企业上市发展中心、“海淀创新基金系”和金融领域创新合作伙伴关系为“四梁八柱”的发展格局。

2021年，各类金融机构总数达3546家，其中银行机构737家，保险机构

① 即信息传输、软件和信息技术服务业。

② 截至本书成稿时暂未发布2021年准确数据。

174家，证券机构155家。全区中资银行人民币存款余额39384.0亿元，其中个人存款9246.7亿元。人民币贷款余额12181.2亿元，其中短期贷款3818.9亿元，中长期贷款8097.2亿元。

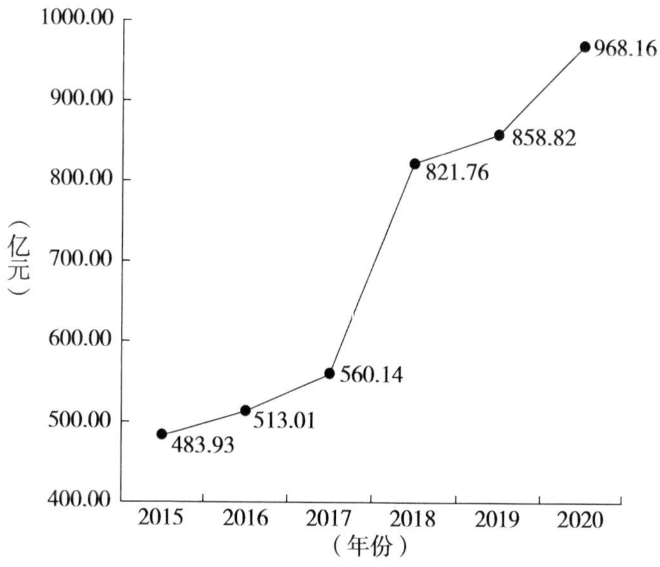

图3-3 2015—2020年北京市海淀区金融业增加值

同时，还有中关村并购发展促进会、中关村上市公司协会、中关村互联网金融研究院等行业协会。2021年，海淀区境内外上市公司总数达到253家，其中境内上市公司166家，占全市（424家）的39%，占全国（4656家）的4%；境外上市公司87家；上市公司总数连续多年位居全国地级市（区）首位，境内上市公司数量位列全国省级市前十。[①]科技与金融融合程度不断加深，孵化和吸引了一大批优秀金融科技力量。2021年，海淀区重点金融科技企业超370家，其中包含17家上市公司和16家独角兽企业，总营收取得了近20%的增长。[②]

① 数据来自海淀区人民政府官网（https：//zyk.bjhd.gov.cn/jbdt/jrb_51811/jrb_54256/jrb/jrb_54276/jrb_54279/202112/t20211215_4502246.shtml）。

② 数据来自海淀区人民政府官网（https：//zyk.bjhd.gov.cn/jbdt/jrb_51811/jrb_54256/jrb/202208/t20220802_4546187.shtml）。

3.2 产融合作试点成果

3.2.1 试点前的产融合作基础

海淀区产融合作基础扎实，是全国科技创新中心核心区和国家科技金融创新中心，是国内创新创业资源最丰富、创新创业政策和服务体系最完善、创业投资最活跃的区域。

（1）产业基础

海淀区产业发展基础稳固，具有以下三大特点。一是战略性新兴产业发展水平高。依托信息产业、科学研究和技术服务业等优势产业，促进创新创业资源优势转化，基本形成“高精尖”经济结构。2015年，移动互联网和下一代互联网、北斗与空间信息服务、云计算、集成电路设计、生物医药、新能源新材料和节能环保、文化和科技融合等战略性新兴产业占全区总收入的比重达到80%。二是各类企业发展协同性强。2016年，已有微软、法国电信、IBM等40多家世界500强企业和知名跨国公司在海淀区设立总部型分支机构或研发中心，共有世界500强企业的研发机构70多个。小微企业众多，是科技成果转化和业态创新的主力军。拥有百度、搜狐、网易、小米、联想、用友、方正等大批国际知名品牌，孕育了优酷、搜狗等全国知名品牌和独角兽企业。三是集聚全球领先的创新创业资源。拥有多个高等院校和科研院所，国家重点实验室、国家工程研究中心、国家工程技术研究中心、国家级企业技术中心占全国的1/8，创新创业能力强。

（2）金融基础

海淀区作为国家科技金融创新中心，拥有全国领先的金融发展基础。一是初步聚集了一批传统和新兴金融机构。截至 2015 年年底，海淀区各类金融机构及分支机构总数达到 2714 家，既有银行、证券、保险等传统金融机构，也有大量的股权投资、互联网金融等新兴金融机构。二是创业投资资源比较丰富。股权投资机构数量、管理资金规模和被投案例数量持续位居全国前列。根据海淀区人民政府数据，截至 2015年年底，全区股权投资机构达1000余家，其中股权投资管理机构540家，占北京市的47.16%。三是金融新业态处于蓬勃发展态势。海淀区积极打造国家科技金融功能区，以中关村西区为核心形成以新兴金融机构为主的科技金融一条街，以西直门外地区为核心形成以传统金融为主、创新金融点缀的科技金融商务区。

（3）产融合作基础

海淀区为进一步深化产融合作创造了坚实基础，具体表现在以下三个方面。一是基本完成了产融交流信息平台建设。2014年，海淀区出台《海淀区企业信用体系建设三年行动计划（2014—2016年）》等政策文件，组织搭建了企业信用信息服务平台，归集全区约14万家企业的基础信息，搭建好产融交流的渠道。2016年，中关村入围全国首批投贷联动试点地区，海淀区依托中关村创业金融服务联盟等平台，协助企业与金融机构实现信息对接。二是积极开发企业融资新产品。聚焦小微企业融资需求，海淀区在全国率先开展人民币集合授信等融资创新试点。推出创新融资担保产品，开展面向中小高新科技企业的“税银互动”纯信用贷款服务，截至2015年年底，“税银通”信贷产品签约企业近50家，签约金额近亿元。三是初步探索了产融合作组织新方式。设立科技担保扶持基金，累计为全区400余家科技型中小微企业提供融资担保服务。先后设立了重点产业化项目股权投资专项资金和初创期企业股权投资基金，2010—2015年，开展股权投资基金投资项目86个，投资总额6.76亿元，其中81个项目投向全区重点战略性新兴产业领域。同时，海淀区积极布局基金、财务公司、金融牌照等产业链金融业务，有的企业集团开展包含小微企业融资、银行、保险中介、互联网金融在内的金融板块布局，形成了从天使投资到风险投资，再到私募以及核心资产运营的全业务链。

3.2.2 试点中的产融合作实施方案

根据《北京市海淀区产融合作试点城市实施方案》，海淀区产融合作试点的总体规划是充分发挥海淀区作为中关村国家自主创新示范区核心区的创新资源优势，以提升金融服务实体经济的效率和能力为目标，围绕金融创新服务高新技术企业发展，以信用为基础，以信息为渠道，以基金为引导，以产品为支撑，以政策为保障，在破解初创企业融资难题、助力成长性企业发展、构建大企业生态圈、开展金融体制机制创新等方面先行先试，加快构建覆盖企业成长全周期和涵盖全要素支撑配置的全生态金融服务体系，为海淀区打造引领全国、辐射周边的创新发展战略高地和战略性新兴产业策源地提供支撑，为我国加快高技术产业发展，调整升级产业结构提供引领示范。

（1）试点目标

海淀区产融合作试点设定了以下五个主要目标：一是聚集一批金融服务机构。到2019年，全区聚集的各类金融机构及分支机构总数超过2800家，其中股权投资机构达到1200家；全区各项金融机构贷款余额达到8000亿元。二是撬动一批金融投资活动。到2019年，区域内集聚的天使投资机构（人）数量超过100家（人），发生在海淀区内的天使投资额累计达到160亿元左右；由海淀区企业主导参与的企业并购交易数量累计达到600起左右，并购总金额达到6000亿元左右；政府引导基金规模达到120亿元，撬动社会资本投资2000亿元。三是形成全生态金融体系。以高新技术企业发展为核心，构建起从天使投资、VC投资[①]、PE投资[②]到并购、上市再到债权融资覆盖企业成长全周期，从信用体系、信息服务到引导基金再到补偿机制支撑涵盖全要素配置的全生态金融体系。金融服务实体经济的能力全面提升，高新技术企业直接融资和间接融资比例明显优化，抵御金融风险能力增强。四是打造一批提供全产业链服务的双创平台。支持具有技术服务能力和商业模式创新能力的双创平台快速发展，到2019年，创新创业平台新增150个，为企业提供全过程孵化服务，激发全区创新创业活力，为产业发展提供原始动力。五是产业整体实力得到大幅提升。战略性新兴产业快速发展，“高精尖”经济实力不断壮大，高技术产业增加值占地区生产总值比重达到65%以上，到2019年年底，海淀区科技企业总收入突破2.36万亿元，年均增速达10%；打造一批具有全球影响力的千亿元企业、产业带动力强的百亿元企业和高成长的十亿元企业。

---

① 风险投资。

② 私募股权投资。

（2）试点内容

围绕试点目标，海淀区产融合作试点重点从以下八个方面具体展开。

一是加快建设天使投资人集聚区。开展天使投资税收减免试点。推动天使投资机构和天使投资人的相关优惠政策和登记制度试点，鼓励和引导社会资本开展天使投资。对在海淀区开展天使投资活动，并投向移动互联网和下一代互联网、集成电路、生物医药等《中国制造 2025》鼓励发展的重点领域的天使投资人，按照投资额的50%给予个税减免。

二是聚力打造中关村并购资本中心。围绕上市企业和行业领军企业做大做强的融资需求，以中关村西区为集聚载体，加强并购领域的政策创新，吸引国内外并购资金，展开全球范围内的资本并购，提升北京市的国际创新资源配置能力。全力推进 300 亿元中关村并购母基金运营，服务海淀区重点行业领军企业的境内外并购。完善并购资本服务体系，建立涵盖项目发现、项目对接、资本筹集、并购交易等环节的综合服务体系。

三是建设产业链金融创新试验区。支持科技企业以产业为内核发展互联网金融业务，通过引入互联网金融业务构建完整的业务生态链。打造全国互联网金融中心，依托中国互联网金融协会、中关村互联网金融行业协会、中关村互联网金融服务中心等平台，培育互联网金融龙头企业，构建业态丰富、结构合理、创新活跃、风险可控的互联网金融体系。支持龙头互联网金融企业围绕产业链金融布局需求，申请各类金融牌照，向综合型互联网金融集团方向发展。

四是建立开放式的综合信息平台。以信用海淀为基础，以海淀区企业综合服务信息化平台为核心，建立统一接口，链接和聚合中关村协同创新服务平台、北京市中小企业投融资服务平台、技术转移与知识产权服务平台等已有平台，形成高效快捷的网络协同系统。

五是深入推动金融主体产品创新。支持各类金融主体的产品和服务创新，重点推动投贷联动、综合投行、科技保险等领域创新。

六是构建立体化的政府基金体系。继续构建包含创业投资引导基金、科技成果转化引导基金等在内的完整基金体系，撬动社会资本向海淀区战略性新兴产业重点领域的初创期、成长期企业投资。

七是加强财政金融的有效互动。围绕各类产业金融合作创新需求，加大财政资金投入，综合运用贷款贴息、奖励、风险补偿等方式，引导金融机构加大对重点企业和重点项目的融资支持。加大对科技企业尤其是中小微企业的金融服务支持力度，设立创新风险补偿资金，对为企业融资提供信用贷款、信用保险贷款和信用担保贷款的银行、保险、融资担保等机构给予风险代偿补贴。大力推广 PPP 模式[①]，对具备经营条件的公共基础设施和公共服务领域，积极引导社会资本参与项目的投资和运营管理，增强公共产品供给能力。

八是建设开放式创新创业平台。鼓励行业领军企业发展服务化众创空间，引导和支持有条件的行业领军企业将内部资源平台化。支持驻区高校院所建设开放式创新创业平台，推动高校双创资源向社会开放。

3.2.3 试点后的成果

自试点以来，海淀区一直坚持营造产融结合的良好氛围和环境，产融合作效率显著提升，金融服务实体经济的能力进一步增强，较好地完成了产融合作试点工作目标。

一是金融服务机构聚集和辐射功能明显增强。海淀区通过政策大力引导金融服务机构落户海淀区，并成功引进中国民生银行中关村分行、国家军民融合产业投资基金、航发基金、北京市科技创新基金、五矿金通（区域第五家持牌券商私募投资基金子公司）等重点金融机构，全面推进“全牌照”金融布局。金融科技加速聚集，融汇国际大厦、中关村壹号等金融科技主题楼宇相继投入使用。拉卡拉、旷视科技、寒武纪、第四范式等区内金融科技企业协同传统金融机构开展相关业务，进一步提升科技赋能金融水平。截至2019年，海淀区全口径各类金融机构总数超过2900家，完成试点设定的2800家目标。

① 一般指政府和社会资本合作模式。

二是金融投资活动活跃程度明显提高。根据海淀区金融办披露数据[①]，截至2020年6月底，在中国证券投资基金业协会备案且注册地在海淀区的股权投资管理机构数量有777家，管理资本总量为1.10万亿元。其中，管理基金数量大于10支的股权投资管理机构占海淀区所有管理人总量比重为4.76%。管理基金数量在5~10支（含）的股权投资管理机构比重为9.01%。横向对比来看，海淀区平均每家股权投资管理机构管理资本规模为14.16亿元，高于上海市的13.29亿元、深圳市的7.51亿元及北京其他地区的10.80亿元。从投资金额来看，截至2019年9月底，创投引导基金出资6亿元，与社会资本共设立16支参股基金和1支母基金，总规模突破287亿元；股权投资基金投资项目106个，投资总额8.75亿元；科技成果转化基金、产业投资基金、并购引导基金共31支，基金总规模394.24亿元，海淀区承诺出资59.32亿元，带动社会资本出资334.92亿元，实现6.6倍放大。

三是企业全生态金融服务体系基本构建完毕。除聚集多类型的金融机构，丰富企业融资方式，引导基金撬动社会资本加大投资外，区内高新技术企业的直接融资也得到有力支持和发展。截至2019年9月底，海淀区境内外上市公司总数达到210家，其中境内A股上市公司137家，境外上市公司73家；挂牌企业678家，其中新三板挂牌企业513家，四板（不含孵化板）挂牌企业165家；其中，新三板挂牌企业占北京市（1230家）的42%，占全国（9208家）的6%。

银行运行机制和服务有所创新，加大了支持实体经济发展的力度。试点期间，海淀区在全国范围内实现了“四个第一”——第一家国有银行科技分行、第一家城市商业银行科技分行、第一家全国股份制银行科技分行、第一家民营科技银行。先后推动集合授信、外债试点、投贷联动、知识产权融资质押等业务创新，缓解中小科技企业科技研发、业务拓展等环节的资金缺口。

企业综合服务平台进一步完善，为企业提供个性化的优质中介服务，改善了金融机构和企业之间的信息不对称问题。以2017年上线的“信用海淀”

① 数据来自海淀区人民政府官网（https://zyk.bjhd.gov.cn/jbdt/jrb_51811/jrb_54256/jrb/jrb_54276/jrb_54279/202010/t20201016_4429448.shtml）。

为基础，全区统一的公共信用信息共享交换平台建设完成。截至2019年9月底，平台已汇集海淀区企业数据约72万条，并与北京市工商局数据中心实现企业登记注册信息同步。平台接受企业信用评级、企业征信等业务申请8136件，完成企业信用等级备案5070家。

聚焦小微企业“融资难、融资贵”难题，深入推进“银税互动”“纳税信用”与“融资信用”加速对接，纳税信用成功转化为企业的融资资本。建立与完善知识产权质押融资的质物处置与风险管理机制，由财政资金出资2000万元与北京知识产权运营管理有限公司共同组建知识产权质押贷款风险处置资金池，助力“智融宝”产品扩大服务企业范围，撬动更多的融资规模。

设立了创新风险补偿资金，对为企业融资提供信用贷款、信用保险贷款和信用担保贷款的银行、保险、融资担保等机构给予风险代偿补贴。2017—2019年共支持中小微贷款贴息项目225个，金额合计1537.64万元，平均补贴金额为6.83万元。

四是建设了一批创新创业平台。海淀区明确了以全国创新资本中心、金融科技创新中心、企业上市发展中心、“海淀创新基金系”和金融领域创新合作伙伴关系为“四梁八柱”的发展格局，进一步推进了创新链、产业链、资本链的有机结合。与五道口金融学院、上海证券交易所、中信建投证券等机构合作，培养了一批具有高度黏性、支持科技金融发展的“创新合伙人”。围绕企业发展不同阶段的不同需求提供科技场景应用、资本对接、人才保障等精准有效的服务，形成基于创新平台、产业项目的持续合作关系。

五是产业整体实力有所提升。2019年上半年，海淀区实现地区生产总值3379.3亿元，同比增长7.3%。信息、科研、教育和金融四大行业占全区生产总值的比重为70.2%，对全区上半年经济增长的贡献率达到86.8%。2019年1—8月高新技术企业总收入实现14830.52亿元，同比增长11.7%，占中关村的40%。据北京市统计局数据，2017年海淀区规模以上“高精尖”企业2000余家，占全市四成以上。根据中关村科技园区海淀园统计数据，2018年1—8月，海淀园电子信息产业实现收入11320.32亿元，占示范区69.6%；新材料、新能源与节能环保产业实现收入1185.28亿元，占示范区17.4%；医药健康实现收入212.4亿元，占示范区14.4%。

3.3 案例：知识产权质押融资产品——“智融宝”

海淀区在试点过程中，以精准服务科技型中小企业为抓手，构建了针对科技型中小企业提供全生命周期、全链条布局、全方位服务和全领域创新的定制化金融产品服务体系。其中，海淀区人民政府联合北京知识产权运营管理有限公司与建设银行中关村分行推出的国内首个纯知识产权质押融资产品——“智融宝”，有效地缓解了科技型中小企业因轻资产、缺抵押导致的融资难问题，实现了商业模式创新、金融工具创新和机制体制创新。

3.3.1 产品简介

“智融宝”是由北京知识产权运营管理有限公司（以下简称北京IP）2014年牵头设计的一款针对科技型中小企业利用知识产权质押获取资金的金融产品（见图3-4）。

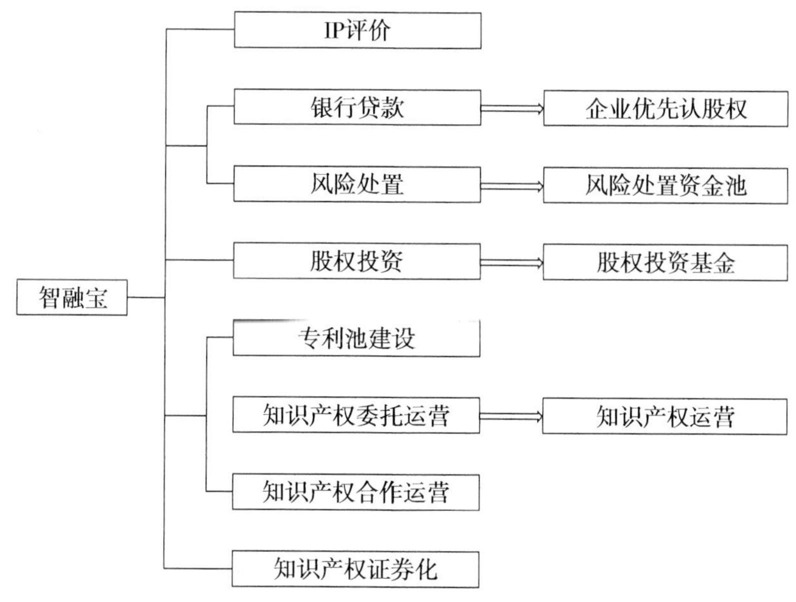

图3-4 “智融宝”产品设计思路

“智融宝”基于“知识产权运营+投贷联动”思路运行，主要包括企业申请、知识产权价值评估、商业银行贷款、风险处置四方面内容。具体流程：科技型中小企业向商业银行提出知识产权质押融资申请后，商业银行、北京IP与合作评估机构共同以知识产权为核心综合评估借款企业。若企业知识产权符合质押条件，评估合格，商业银行为借款企业提供贷款，同时北京IP取得优先认股权。针对贷款风险，北京IP与海淀区人民政府共同出资建立风险处置资金池，并引入担保公司、保险公司为企业增信。针对融资成本因此升高的问题，海淀区人民政府通过对利息、评估费、担保费等进行贴补，降低企业贷款成本，尽可能提高科技型中小企业主动参与知识产权质押融资的积极性。在贷款过程中，继续依靠北京IP的知识产权运用服务体系开展知识产权运营，助力企业通过风投机构、股权机构、商业银行等获得股权投资、开展知识产权证券化，形成股权投资和银行信贷之间的联动融资，推动科技型中小企业可持续发展，同时也能保障企业顺利还款。

3.3.2 产品设计

“智融宝”产品设计框架如表3–1所示。

表3–1　“智融宝”产品设计框架

产品要求	具体内容
服务对象	科技型中小微企业
质押要求	纯知识产权质押，质押率为30%~40%
融资额度	500万元以内为主，最高可达2000万元
融资期限	1年期以内为主，企业符合审核条件可滚动续贷
融资利率	基准贷款利率上浮30%以内
评估费率	3%~6%（包括北京IP与第三方评估机构双重评估费用）
综合融资成本	8%~10%（政府补贴后最终融资成本约为6%）
增信措施	要求借款企业实际控制人承担无限连带责任

资料来源：崔方迪.中关村以“智融宝”产品助力科技型中小企业发展研究[D].石家庄：河北师范大学，2020.

“智融宝”以知识产权为质押品开展融资，关键是要正确评估出知识产权包含的所有价值：既要对知识产权的现在价值评估正确，还要对知识产权未来前景评估正确。“智融宝”因此设定了一些条件：①要求贷款企业是IP依赖型企业，属于IP密集型行业。②企业持续经营 2 年以上且经营状况良好，具有稳定现金流，原则上年销售收入应达 1000 万元以上。③企业及其实际控制人信用情况优良，具备履行合同及偿还债务的能力，企业在中关村信用评级达到BB 级以上。④企业拥有优质的知识产权，可提供足值有效的知识产权质押担保。其中，对知识产权的筛选标准中要求质押知识产权应为专利、著作权、商标，并且质押知识产权应为具有运营价值的核心知识产权。⑤企业所提供的质押知识产权应该权属清晰、完整、有效，另外要求质押专利的剩余保护期不得少于 3 年，而质押著作权则不少于 5 年（见表3-2）。

表3-2　“智融宝”知识产权质押项目筛选标准

企业标准	知识产权标准
IP 依赖型企业、属于 IP 密集型行业	质押知识产权应为专利、著作权、商标
持续经营 2 年以上，年销售收入达 1000 万元以上	质押知识产权为企业核心知识产权
企业经营状况良好，具有稳定现金流	质押知识产权权属清晰、完整、有效
企业及其实际控制人信用情况优良	质押知识产权具有运营价值
具备履行合同及偿还债务的能力	质押专利的剩余保护期不少于 3 年
可提供足值有效的知识产权质押担保	质押著作权的剩余保护期不少于 5 年

注：瞪羚企业、新三板创新层企业、获知名投资机构投资企业等优质企业优先；企业核心技术为细分行业领导者企业优先；企业参与国家标准及行业标准编制或企业标准写入国家 / 行业标准的企业优先。

3.3.3 发展现状

“智融宝”产品从 2016 年推出以来，融资规模逐步扩大，受益的科技型中小企业数量逐步增加。2017 年 12 月 20 日，首个“智融宝”项目——北京智云达科技有限公司[①]知识产权质押融资 500 万元成功收回，说明了“智融宝”项目的“审核评估—资金发放—企业运营—资金收回”运营链正式打通。2018年年底，北京IP与中国人民财产保险股份有限公司北京分公司（以下简称人保财险）签订了首单“智融宝”知识产权质押融资保险合作，为45个“智融宝”存量项目购买保险，涉及贷款金额2亿元；2019年4月，人保财险完成首个“智融宝”知识产权质押融资保险项目的理赔，赔付金额为996632.36元，充分发挥了分散知识产权质押融资风险的保险渠道作用。同年，北京IP还与建信财产保险有限公司、中国人寿财产保险股份有限公司达成了知识产权质押融资保险合作，进一步促进了“智融宝”的发展。截至2019年10月，“智融宝”联合金融机构进行的决策项目达217个，拟贷金额规模突破10亿元，已贷项目127个，已发放贷款数额5.7亿元，质押知识产权1167项。[②]2022年，“智融宝”已升级至“智融宝2.0”版本，从原来的“知识产权运营+投贷联动”升级为“知识产权质押贷款+投贷联动+知识产权管家”全链条服务，最高融资额度可达5000万元，[③]具有以知识产权为唯一担保、500万元以内快速审批、政府补贴50%融资成本、投贷联动+知识产权运营四大产品特色。

3.3.4 发展经验

大多科技型中小企业以知识产权等无形资产为主要资产，具有轻资产、高成长的特点。然而，传统金融机构发放贷款要求企业提供有效、足值抵押物，中小企业很难满足条件。同时，知识产权价值评估专业性强，传统金融机构不具备该项能力，没有足够的风险识别能力。这些都使得科技型中小企业常常被传统金融机构拒之门外，贷款需求难以被满足。

“智融宝”作为针对科技型中小企业的知识产权质押融资产品，优势体现

① 现更名为北京智云达科技股份有限公司。

② 崔方迪.中关村以“智融宝”产品助力科技型中小企业发展研究[D].石家庄：河北师范大学，2020.

③ 中关村知识产权运营公共服务平台官网（https：//www.bjiponline.com/home/index.html#zhirongbao）。

在以下几方面：一是以企业知识产权作为唯一融资担保方式，不与企业其他资产和信用水平挂钩。二是项目流程短、审批快。“智融宝”规定，500 万元（含）以下规模的贷款直接进入快速审批通道，最短可在10~15天实现贷款投放。三是贷款成本较低，不仅贷款利率有上浮不超过基准利率30%的规定，而且海淀区人民政府补贴50%的融资成本。四是一体化的服务，“智融宝2.0”以知识产权为核心，提供“知识产权质押贷款+投贷联动+知识产权管家”全链条服务，能够更好地解决更多科创型中小企业的融资难问题。

3.4 产融合作试点经验启示

信息产业、科学研究和技术服务业是海淀区的两大支柱产业，也是产融合作工作推进的重点领域。在产融合作试点中，海淀区的试点目标清晰明确，紧盯具有发展前景的优势产业和重点企业，聚焦于如何更有效地调动金融资源、社会资本、政府力量来激发企业的创新活力，加大对中小型科技企业的支持，提升战略性新兴产业的整体实力。具体总结经验有以下三点。

一是充分发挥了有为政府的组织作用，最大限度地保障产融结合道路畅通。试点期间，海淀区人民政府出台多项支持保障政策，比如《关于加快推进中关村科学城建设的若干措施》，并围绕建设全国创新资本中心、金融科技创新中心、企业上市发展中心、“海淀创新基金系”和金融领域创新合作伙伴关系出台多个专项政策。充分利用政府资金强化资金保障，以各类基金合作模式撬动社会资本。

二是科技充分赋能金融，疏通科技企业融资堵点。海淀区建立公共信用信息共享交换平台和产融信息流通平台，实现数据互联互通，降低企业与金融机构的信息不对称性。创新质押贷款模式，打造国内首创纯知识产权质押融资产品——“智融宝”，凭借“知识产权质押贷款+投贷联动+知识产权管家”模式，向科技企业提供全链条服务。对流动资金周转贷款到期后仍有融资需求的科技型小微企业，提前开展调查和评审，以新发贷款结清原贷款，支持科技企业长期发展。

三是构建专注服务科技型企业的金融生态，发挥产融良性互动的作用。海淀区鼓励科技企业发展产业链金融，推动中国航发集团财务有限公司、小米金融等24家产业链金融相关机构落地，不断完善业务生态链。构建了多功能服务市场平台，比如联合上海证券交易所、中国证监会北京监管局、北京市金融监管局等共建上交所资本市场服务北方基地，整合上交所股票发行上市、债券融资、培训和上市公司服务等功能，全方位支持企业利用资本市场直接融资。

4 北京市顺义区产融合作试点分析

2016年，北京市顺义区入选第一批国家产融合作试点城市（区）。试点期间，顺义区依托产业基础、基金支持、政策体系，形成汽车制造和航空航天两大千亿级高端制造产业集群，产融合作取得明显成效。

4.1 基本发展概况

顺义区位于北京市东北部，距市区30千米，毗邻北京城市副中心，是首都国际机场所在地，总面积1021平方千米。截至2021年年末，全区常住人口132.6万人，下辖19个建制镇和6个街道办事处，共426个村民委员会、127个社区居委会。根据北京城市总体规划，顺义区是首都重点平原新城、中心城区适宜功能产业的重要承接地。①

4.1.1 产业现状

根据《北京顺义统计年鉴2021》数据，②2015年，顺义区地区生产总值1471.5亿元。其中，第一产业增加值22.1亿元，第二产业增加值540.8亿元，第三产业增加值908.7亿元。经过6年发展，2021年全区实现地区生产总值2076.8亿元，较2015年增长41.1%。其中，第一产业增加值16.5亿元，第二

① 数据来自北京市人民政府。

② 数据来自《北京顺义统计年鉴2021》表1-2“地区生产总值（2015—2020年）”（http：//www.bjshy.gov.cn/web/ztlm/zt/tjsjzl/ndsj77/1061327/index.html），采用四舍五入法保留1位小数。

产业增加值566.6亿元，第三产业增加值1493.7亿元。①

从经济增长速度来看，顺义区在2015—2019年一直较为平稳，5年平均增长率为6.82%。2020年受新冠病毒感染疫情重创，经济增速降低至-6.0%，2021年又回升至10.6%（见图4-1）。②

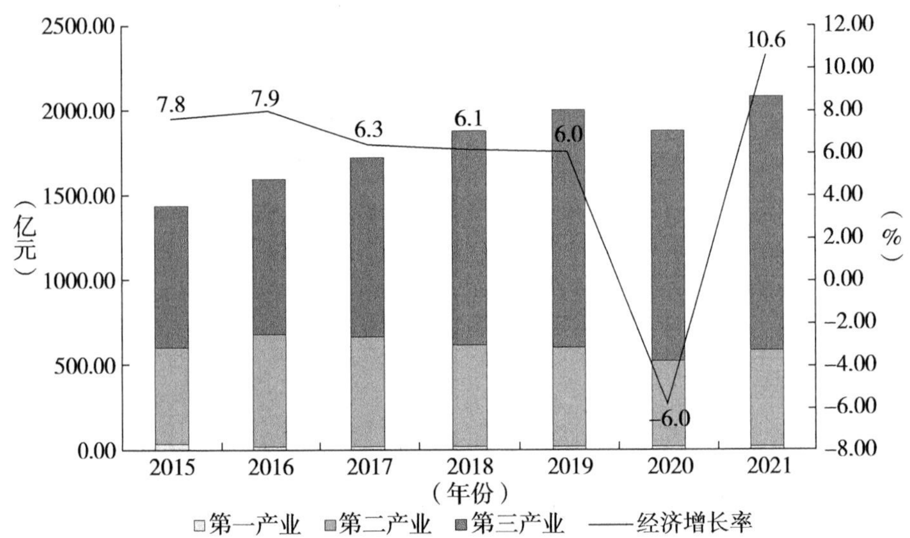

图4-1　2015—2011年北京市顺义区地区生产总值及经济增长率

从产业结构来看，顺义区经济发展一直以第三产业为主导，但前期第二、第三产业比重差距相对较小。2015年，第一、第二、第三产业增加值占地区生产总值比重分别为1.5%、36.7%、61.7%。自2017年起，第三产业进入高速发展期，每年增加值都在1000亿元以上。到2021年，第一、第二、第三产业增加值占地区生产总值比重为0.8%、27.3%、71.9%（见图4-2）。

从行业发展来看，顺义区主要着力方向是高端制造业，现已拥有全国先进的临空产业中心和现代制造业基地。近年来，顺义区一直不断致力于推进产业转型升级，着力构建“智能制造”产业生态，大力发展新能源智能汽车、第三

① 数据来自《北京顺义统计年鉴2022》表1-2“地区生产总值（2016—2021年）”（http：//www.bjshy.gov.cn/web/zwgk/tjxx/ndsj/1297844/index.html），采用四舍五入法保留1位小数。

② 经济增长率按照可比价格计算，2015年数据来自《北京顺义统计年鉴2020》，2016年数据来自《北京顺义统计年鉴2020》，2017—2021年数据来自《北京顺义统计年鉴2022》。

代半导体、航空航天三大创新型产业集群，以及发展临空经济、产业金融、商务会展、文创旅游四大现代服务业。目前已经成功培育了汽车制造、航空航天两大千亿级产业，智能装备、新一代信息技术等一批百亿级产业集群。

	2015年	2016年	2017年	2018年	2019年	2020年	2021年
第一产业（Primary Industry）	1.5%	1.2%	1.1%	0.9%	0.8%	0.9%	0.8%
第二产业（Secondary Industry）	36.7%	37.4%	34.4%	32.0%	29.0%	28.2%	27.3%
第三产业（Tertiary Industry）	61.7%	61.3%	64.5%	67.1%	70.2%	71%	71.9%

图4–2 2015—2021年北京市顺义区三大产业增加值占地区生产总值比重

数据来源：根据《北京顺义统计年鉴2021》《北京顺义统计年鉴2022》数据计算。

4.1.2 金融业现状

顺义区金融业近年来飞速发展。2015年金融业增加值仅126.70亿元，2016年略微下滑至125.33亿元，随后一路快速上升，到2020年增加至333.11亿元（见图4–3）。从比重来看，2020年顺义区金融业增加值占顺义区GDP比重超过15%，已成为继临空经济、汽车制造之后的第三大支柱产业。

具体来看，顺义区在以产业基金、融资租赁等为代表的产业金融发展上存在优势。截至2021年9月，全区拥有优质法人金融机构近500家，上市挂牌企业110余家，公、私募基金600余支，基金总规模超过2.4万亿元，产业基金7000亿元。

4.2 产融合作试点成果

4.2.1 试点前的产融合作基础

（1）产业基础

顺义区拥有坚实的产业发展基础，呈现出以下三个特点。

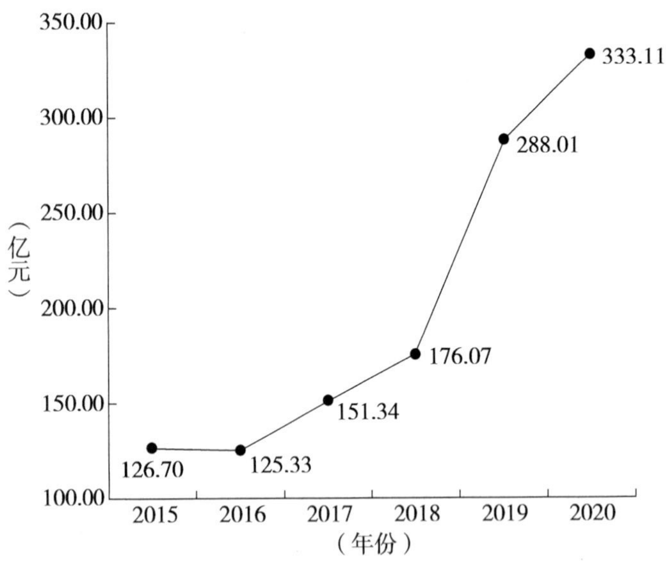

图4-3　2015—2020年北京市顺义区金融业增加值

一是制造业基础雄厚。2015年全区365家规模以上企业累计完成工业总产值2813.3亿元，占北京市工业总产值（17544.6亿元）的16%，位居全市第一；经济总量居全市第五。初步形成了以临空产业为引领，以汽车产业为基础，以电子信息、基础工业、都市工业、生物医药、装备制造等产业为支撑的产业格局。打造了千亿级汽车制造产业集群，成为首都汽车产业核心区；形成了电子信息、都市工业、装备制造、基础与新材料四大百亿级产业集群。

二是功能区、产业园基础好。以航空物流、临空总部基地和信息服务为代表的临空经济核心区，以高端制造为核心的科技创新产业功能区（中关村顺义园）和以旅游休闲为支撑的绿色生态产业功能区三大板块，已成为全区经济发展的支撑力量。以航空航天研发制造为代表的北京航空产业园、以图像信息数据研发应用为主体的国家地理信息科技产业园、以新能源汽车产业链条研发生产为主的智能网联汽车创新生态示范区、以第三代半导体技术研发微制造为主的第三代半导体联合创新基地、以软件开发为主导的金蝶软件园等特色产业园，都拥有国家级的重点实验室、重点企业，重点项目快速发展。

三是形成多点支撑产业格局。顺义区航空运输、现代物流、新兴金融、文化创意、商务会展、工业设计等生产性服务业跨越发展，商贸餐饮、旅游休闲等生活性服务业加快提升；民航六大集团均已入驻顺义区，全区航空类企业超过300家，国展产业园被认定为北京市文化创意产业集聚区，会集高端文化创意企业80家，文化产业每年实现收入近200亿元。

（2）金融基础

顺义区金融资源丰富，金融产业稳步增长。一是金融机构数量增长稳定。截至2015年年底，全区金融机构已有220家。其中，银行30家、保险公司16家、基金公司37家、担保公司24家、融资租赁公司34家、其他金融机构79家。①二是产业金融体系丰富。以民生系、国开系、中交系、中森系等为代表的产业金融成体系、组团式聚拢顺义区。三是金融业态持续优化。业务领域覆盖银证保、股权投资、基金管理、财务公司、融资租赁、商业保理、资产管理、第三方支付平台等十余个主要业态，金融产品不断创新，金融产业结构不断优化。上市挂牌企业从1998年的2家发展到42家，其中主板10家，中小板2家，创业板1家，海外上市4家，多地上市1家，新三版挂牌19家，新四版挂牌5家。2015年，区内上市挂牌企业总资产规模达到3505亿元，上市企业累计直接融资1210亿元，其中，IPO融资385亿元。

（3）产融合作基础

顺义区按照“产业·金融·商务”的发展路径，已经基本形成“财政资金·产业资本·金融资金”的融合发展模式，助推产业高速发展。已经初步构建完成特色化的金融服务平台：2010年起建立顺义区金融资源平台系统，对所有类型的金融机构进行梳理并形成体系，即时满足企业投融资需求；2012年4月，首都产业金融中心在顺义挂牌，通过制定优惠政策、吸引专业人才、构建功能区域、配套个性服务等综合手段，已先后聚集优质产业金融机构近百家，业务涵盖股权基金、财务公司等诸多板块；打造了首都融资租赁和商业保理聚集区，已成为北京市第二大融资租赁企业聚集地。2015年建

① 见《北京市顺义区打造首都新兴金融聚集区》（http：//finana.china.com.cn/roll/20161019/3946471.shtml）。

设了集“产业、企业、金融、服务”于一体的中小企业的创新创业综合服务平台，将全区35800家中小企业和395家规模以上企业在平台系统录入，同时将各类金融机构、投资公司等录入在“找金融”模块中，形成即时对接，促成产融合作。创新金融产品和金融服务，推出了善融贷、税易贷、创业贷、POS贷、结算透等基于小微企业结算、纳税等方面贡献的信用方式贷款，以及基于政府平台支持的助保贷，大大降低了小微企业获得银行信贷支持的准入门槛。

同时，还已经形成多层级的产业发展基金，规模日益庞大。截至2015年年底，顺义区拥有华夏基金、国开系基金等各类优质基金公司40家。创建了北京市首个“新三板产业加速器”，服务于准新三板与新三板、未来可转板创业板及主板企业，改变过去的单位财政补贴模式，设置“新三板产业加速器”的资产支持计划和定向私募产业基金，定向支持入驻“新三板产业加速器”企业，为其提供流动性和长期信用资本。

4.2.2 试点中的产融合作实施方案

顺义区产融合作试点的总体思路是，通过3年时间，使主导产业特别是高端制造业得到迅猛发展，产融信息对接服务平台全面建成，具有顺义特色的产业链金融蓬勃发展，多层级金融产品与金融服务实现对产业全覆盖，金融服务实体经济的效率和能力全面提升，全区产业提质增效与转型升级步伐加快，产融合作实现高效化、科学化、生态化健康快速发展。

（1）试点目标

顺义区产融合作试点设定了以下三个主要目标：一是经济总量持续发展壮大。2019年年末，全区地区生产总值达到2000亿元左右，按不变价年平均增速10%；实现工业总产值4000亿元，年平均增速8%；推动新能源智能汽车与航空航天两大领域形成新的千亿级产业集群。二是高端制造业竞争优势不断增强。培育和吸引一批战略性新兴产业在顺义区集聚，“高精尖”产业特色明显，创新能力不断提高。实现高新技术企业产值贡献占全区工业总量的50%以上，规模以上工业企业研发投入占全区工业增加值的比重达3%以上，重点企业技术研发经费占到销售收入的比重达5%以上。新增市级以上技术中心30家，其中国家级10家，市级20家。全区万元产值能耗与万元产值水耗分别在现有基础上降低30%以上和20%以上。三是金融服务产业范围和能力全面提升。各类金融机构持续在顺义区布局，全区各类金融机构及分支机构总数达到1000家，各项金融机构贷款余额累计达到5000亿元；区政府设立100亿元产业发展母基金，撬动和吸引社会资本打造总规模达1000亿元的产业投资基金群，并实现两个1500亿元的航空产业和创新产业基金落户顺义，产业融资渠道不断拓宽，融资能力不断增强，形成产业与金融互利发展、协调发展的生动局面。

（2）试点内容

依据试点目标，顺义区产融合作试点从以下四个方面具体展开。

一是推进产融合作信息共享。建立重大产业项目对接平台，聚焦顺义六大优势产业和三大潜力产业，围绕智能网联汽车创新生态示范区、国家地理信息科技产业园、北京航空产业园、第三代半导体联合创新基地、金蝶软件园等战略性新兴产业特色园区，将投资亿元以上的500个重大产业项目在平台形成在线布局，充分利用云计算、大数据建立重点项目的综合信息库，实现在线项目概况、经营数据、技术亮点、商业模式、投融资需求的信息共享；按照项目的行业分类和产业特点，自动匹配相应的金融机构、金融产品和金融服务信息，重点支持项目在转型升级、技术研发、工艺提升、环保改造等方面的金融需求。建立中小微企业发展平台，围绕全区35800家中小企业和持续入区的初创型小微企业，设置“找空间、找金融、找技术、找产品、找企业、找人才、找服务、找活动”八大模块，形成中小微企业的即时对接生态服务体系。建立科技成果转化与产业化平台，在平台上形成招商空间，用于承接科研机构、高校院所、重大企业和创业人才的科技成果转化和产业化；建立知识产权交易中心，匹配相应的科技成果转化基金和产业化基金，助力科技创新发展。

二是探索基金合作新模式，打造产业发展组合拳。不断强化与国家、北京市产业基金联动发展，力促1500亿元航空产业基金和1500亿元创新发展基金落户顺义区，投向顺义区优势产业和两大战略性新兴产业。发挥政府引导基金作用，未来3年内顺义区拟出资100亿元人民币，撬动和吸引社会资本，共同打造总规模达1000亿元的产业发展母基金。鼓励支持园区和企业发展多样化基金业态。鼓励临空经济核心区板块组建临空产业投资基金，重点支持航空服务、信息服务、文化创意、电子信息等产业；鼓励中关村顺义园组建创新发展基金，重点支持半导体材料、生物医药、新能源智能汽车等产业；鼓励科技创新集团组建创业孵化基金，重点支持小微初创型企业成长；鼓励市政控股集团组建建设发展基金，推动顺义产业园区基础设施建设和产业配套建设。完善基金发展空间布局，建立空港产业基金走廊、潮白河生态基金走廊、“三区三镇一园”创新创业基金走廊。完善基金运作机制，对母基金下设的专业子基金，向市场采取指定或公开征集等方式确定子基金合作机构。制定公开征集、机构申报、评审尽调、决策公示、基金设立等一整套评审程序，确保基金市场化、专业化运作。

三是发挥主导产业优势，打造产业链金融生态体系。规划1000亩[①]产业用地，由区财政出资2亿元参与北京市新能源产业发展基金，形成10亿元规模的专项产业发展基金，并鼓励北汽集团发挥财务公司、汽车金融公司的投融资职能，引导传统汽车制造业向新能源智能汽车研发设计制造延伸，打造新能源智能汽车生态产业示范基地。延伸航空航天产业链，吸引1500亿元航空产业基金落户顺义区，引导一批涉及航空发动机、航空电子、航空材料、航空信息、飞机租赁等领域的知名项目入区，打造500亿元级航天航空产业集群。延伸新材料产业链，组建新材料产业发展基金，重点发展第三代半导体材料、新型功能材料、先进结构材料、电子材料及前沿材料，促进石墨烯、碳纤维、航空复合材料等前沿材料取得一批重大技术突破。鼓励并购基金管理公司和投资公司在顺义区落户；支持区内企业财务公司联合金融机构开展并购重组业务；支持上市挂牌企业进行并购重组；对于重点企业投资并购小微企业特别是初创型科技企业给予支持。鼓励区内企业发展多业态金融服务，

① 一亩≈666.67平方米。

支持国航等航空类企业设立财务公司、基金公司，发展融资租赁、飞机维修、投资基础设施等业务；支持航材集团发展飞机租赁及相关设备进出口业务；支持顺丰速运等开展互联网金融业务，鼓励发展第三方支付业务；支持北汽集团发展汽车保险、汽车租赁等金融业务；支持歌华有线、雅昌彩印等知名文创类企业建立文化产品交易中心；支持顺鑫农业等上市企业建立财务公司。

四是推动财政金融互助创新。设立顺义区产业资金调控中心，负责统筹各职能部门、各类别支持资金的供给、组织、支付、评价等业务。通过财政资金注资，扩大融资性担保公司的注册资本规模达到100亿元，撬动银行授信及贷款达到1000亿元级规模。在区属国有资本经营管理中心已有两个融资担保平台（分别为北京鑫顺融资担保有限公司、北京光彩融资担保有限公司）的基础上，由区财政分别增资扩股达到50亿元，总量100亿元。加速推出首台套补贴补偿，加快首台套的市场推广，培育名品名优名牌。积极开展PPP配套融资模式，建立“顺义区PPP重点投资项目库”，围绕“生态环保、交通设施、能源设施、新型城镇化、高精尖产业”等重点领域鼓励引入社会资本，形成项目需求和投资供给的产融合作双向对接机制。

4.2.3 试点后的成果

自试点以来，顺义区从资金体系、政策环境、产融对接等多方面持续发力，不断探索新模式，产融合作最终成效明显。具体表现在以下四个方面。

一是进一步丰富了多层次资金体系。以产业基金、融资租赁为重点的产业金融发展突出。截至2019年4月19日，已聚集优质金融机构320家，国创基金、国投基金、中文基金、中铝基金等优质基金80余支，基金管理规模1.8万亿元，其中包括产业基金4000亿元；拥有文科租赁、中恒国际租赁、京城国际融资租赁、中航融资租赁、华联商业保理等企业50余家，成为北京市第二大融资租赁聚集地，金融支持实体经济能力显著提升。

二是金融政策环境得到优化。2019年顺义区制定出台《顺义区打造首都产业金融中心促进金融产业发展办法》《顺义区支持企业上市挂牌发展办法》两个新政策。《顺义区打造首都产业金融中心促进金融产业发展办法》重点聚焦机构落户、产业金融、产融合作、外资机构、人才落户等方面，明确了奖励政策，奖励力度大，引导方向明，企业吸引力强。《顺义区支持企业上市挂牌发展办法》从顺义区实际环境入手，按照总部基地设计，孵化基地配合，根据企业发展壮大轨迹，吸引、聚集、孵化、扶持企业，按上市前培育孵化、上市中引导激励和上市后融资发展三个阶段给予企业支持，旨在打造企业上市全链条支持政策，并通过建立董事长议事制度、完善董秘联席机制等全方位优化上市发展环境。

三是银企对接活动初见成效。2019年，顺义区与市金融监管局共同举办北京畅融工程第一季暨2019北京5G产业与金融发展论坛1场，为220余家金融机构和280余家5G相关企业搭建对接平台；自2017年以来，先后召开小微企业专场、中关村顺义园专场20余场融资对接会，组织区内企业与优质金融机构现场交流和撮合对接。截至2019年，已成功撮合浦发银行与豪迈生物、广发银行与科净源、建设银行与莱泽光电3对企业与金融机构合作，实现债权融资2400万元，另有5家达成初步意向，10余家与金融机构深度接洽，产融对接效果初见成效。

四是增强了企业资本市场融资能力。顺义区拥有中国国航、北京汽车、顺鑫农业等上市挂牌企业88家，上市公司累计直接融资1725亿元，上市培育企业近100家。推动中科星图等3家区内企业科创板上市及康蒂尼药业香港主板上市进程，并支持星际互娱、梦天门科技、京磁材料、华泰诺安等科技创新型企业在科创板上市。

4.3 案例：打造融资租赁聚集区

航空产业是顺义区的引领产业。从产业特征来看，航空产业具有高投入、低收益、高风险的特点，航空公司的进一步优化发展常常受此限制。飞机租赁业务则向航空公司提供了一项新型融资手段，有利于航空公司减少经营成本、提高盈利空间。为了进一步支持航空业的发展，顺义区人民政府以发展飞机融资租赁为突破口，打造融资租赁聚集区。这不仅有利于优化航空公司的各项财务指标，也有利于顺义区临空产业优化升级，加快顺义区高精尖产业经济做大做强。

为了实现上述目标，2019年11月，顺义区人民政府印发《关于加快北京市融资（金融）租赁聚集区建设的办法》（本节以下简称《办法》）的通知，这也是北京市首个针对融资租赁行业的专项奖励扶持政策。《办法》中的支持手段主要包括补助、奖励、配套服务三个方面。

在补助方面，对落户当年实现区域经济贡献200万元（含）以上，并于落户当年在本区租赁办公用房的，将给予租房补贴，补贴标准为第一年最高按500平方米、每平方米5元/日，落户当年在本区购买办公用房的，按上述租赁办公用房补助金额标准2倍给予补贴。对有关机构在顺义区组织开展融资（金融）租赁和商业保理业信息交流、专业培训、高端论坛、项目对接等，如经顺义区人民政府审定后能有积极促进产融对接效果的，最高给予实际发生费用的50%且不超过150万元的资金补助。

在奖励方面，为区内企业提供融资支持的融资（金融）租赁和商业保理机构，按照其当年为区内企业提供融资总额的1%给予奖励，但单个机构每年获得奖励金额最高不超过500万元。据推算，奖励资金基本能够覆盖这类机构前5年的经营成本，具有很大吸引力。对协助引进符合顺义区高精尖产业定位项目的，按其引进项目正式经营之日起的第一年实现区域经济贡献的10%予以一次性奖励，但引进单个项目奖励金额不超过500万元；当年引进上述项目数量累计达5个（含）以上的，再给予50万元奖励。对符合顺义区金融发展定位、有特殊贡献和重要意义的融资（金融）租赁和商业保理机构，经区政府审核认定后，根据其发展需要可予以专项政策支持。

在配套服务方面，加强服务融资（金融）租赁和商业保理机构高层次人才，协调区内相关部门为融资（金融）租赁和商业保理机构高级管理人员与核心业务骨干在人才引进、子女就学等方面提供综合支持服务。

《办法》出台和落地后，顺义区租赁产业迅速聚集发展，带动了航空航天等产业实现突破。截至2022年2月，顺义区已聚集中航租赁、中恒租赁、芯鑫租赁、华夏金租、长城金租、文科租赁等融资租赁公司超100家。截至

2022年8月，顺义区航空航天规模以上工业、软件和信息服务业企业共36家，产值（收入）规模已突破200亿元。①

4.4 产融合作试点经验启示

顺义区的重点战略产业是高端制造业，具有资金需求量大、风险高的特点，更加需要政府参与引导产融合作，以完善产融对接和降低产融风险。为了保障产融合作效果，顺义区的领导机制保障和针对性政策扶持发挥了重要作用。试点经验总结为以下四点：

一是组织领导是坚实的保证。为了确保产融合作效果，顺义区设立了产融合作试点联席会议制度。会议由区长牵头，区政府主管产业副区长和主管金融副区长负责具体事宜。联席会议每月召开一次例会；联席会议办公室可根据区领导指示和工作需要，组织召开专题工作会议。联席会议办公室要牵头建立沟通机制，加强与相关部门的工作协调，完善对金融机构和产业主体的指导与服务，推动产融合作试点的各项政策得到有效落实。各属地、经济功能区要做好产融合作相关政策的宣传和落实工作。

二是产业政策的大力扶持。顺义区出台的《顺义区促进入区企业发展扶持办法》（顺政发〔2017〕38号），对本区经济贡献程度高的企业有很大的补贴和奖励力度，通过加快建立多层次、多元化的企业融资服务体系，形成促进企业良性发展的长效机制。

三是产业金融机构聚集政策的大力扶持。为了畅通本区产业的融资通道，顺义区出台《顺义区打造首都产业金融中心促进金融产业发展办法》（顺政发〔2019〕18号），从对外投资规模、购房及租房补贴、经济贡献奖励、基金引进实体项目等方面，给予基金管理公司等金融机构最优惠的政策支持。出台《关于加快北京市融资（金融）租赁聚集区建设的办法》，从补

① 《持续提升发展能级，顺义航空航天产业展翅腾飞》（http：//baijiahao.baidu.com/s?id=1740924422180159830&wfr=spider&for=pc）。

助、奖励、配套服务三个方面吸引融资租赁等机构入驻顺义区，扩大促进产融对接的支撑力量。

四是人才引进政策的大力支持。为了满足发展高精尖产业的人才需求，对入选的顺义区高层次金融人才、产业人才，按规定给予补贴和住房保障；优化引才、育才、用才环境，依托企业、高校和产业园区，探索与产业发展相适应的职业教育和培训模式，为科技、金融与产业融合发展提供人才支持。

5　上海市浦东新区产融合作试点分析

2016年，上海市浦东新区入选第一批国家产融合作试点城市（区）。在获得试点资格之前，浦东新区在产业发展基础和金融要素市场方面就具有明显优势，通过制定明晰的产业战略规划，进一步优化和创新金融政策及金融机制，浦东新区金融服务实体经济的水平得到明显提升。

5.1　基本发展概况

浦东新区位于上海市东部，西靠黄浦江，东临长江入海口，面积1210平方千米，现辖12个街道、24个镇。1990年4月18日，党中央、国务院宣布开发开放上海浦东。经过三十多年的开发开放，浦东已成为功能集聚、要素齐全、设施先进的现代化新城，成为我国改革开放的象征和上海现代化建设的缩影。①

2005年6月21日，国务院批准浦东新区在全国率先开展综合配套改革试点；2013年9月29日，中国（上海）自由贸易试验区在浦东新区挂牌；2015年4月27日，上海自贸区扩区至120.72平方千米；2019年8月20日，上海自贸区临港新片区揭牌。三十多年来，浦东新区全面落实承担的国家战略任务，从制度创新、经济发展、政府治理、绿色生态四个维度着力推进首创性改革、引领性开放、开拓性创新，努力在高水平改革开放、高质量发展、高品质生活等方面走在全国前列。②

---

①② 数据来自上海市浦东新区人民政府。

5.1.1 产业现状

2015年，浦东新区地区生产总值为8425.53亿元。其中，第一产业增加值为23.60亿元，第二产业增加值为2341.53亿元，第三产业增加值为6060.40亿元。经过6年发展，2021年全区实现地区生产总值为15352.99亿元，较2015年增长82.22%。其中，第一产业增加值为17.94亿元，第二产业增加值为3860.48亿元，第三产业增加值为11474.58亿元。①

从经济增长速度来看，浦东新区2015—2019年平均增长率为8.4%。2020年受新冠病毒感染疫情影响较大，经济增速下降到4.0%。2021年经济得到快速恢复，经济增速回升至10.0%（见图5–1）。

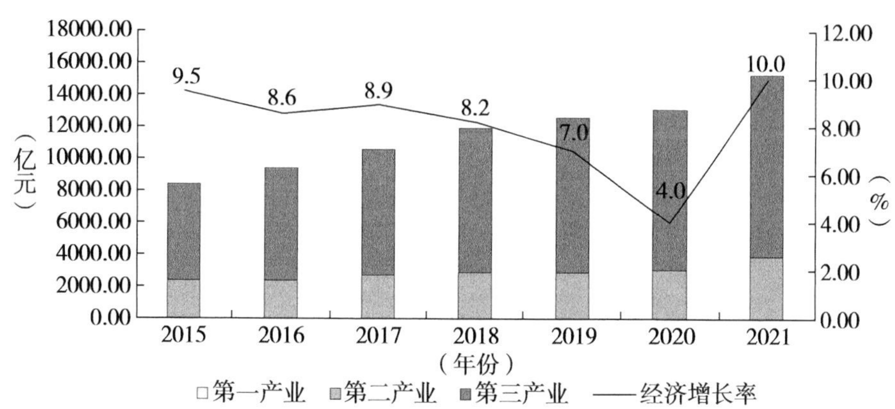

图5–1 2015—2021年上海市浦东新区地区生产总值及经济增长率

从产业结构来看，浦东新区经济发展一直以第三产业为绝对主导。2015年，第一、第二、第三产业增加值占地区生产总值比重分别为0.3%、27.8%、71.9%。随后，第一产业比重逐年减小，第二产业比重出现先降后升趋势，第三产业比重出现先升后降趋势，2021年第一、第二、第三产业增加值占地区生产总值比重变为0.1%、25.1%、74.7%（见图5–2）。

从行业发展来看，2021年占全区产业总值比例最大的前三大行业是金

① 数据来自《上海浦东新区统计年鉴2022》。

融业、工业和其他服务业（包含信息传输、计算机服务和软件业），分别是30.57%、23.91%、22.18%。[①]近年来，为了给经济增长持续发力提供源泉，浦东新区一直着力于高新技术产业的发展，在产业发展方面提出了"中国芯""创新药""蓝天梦""未来车""智能造""数据港"六大硬核产业发展战略，将这六大产业作为产业高质量发展的主攻方向。

	2015年	2016年	2017年	2018年	2019年	2020年	2021年
第一产业（Primary Industry）	0.3%	0.2%	0.2%	0.2%	0.2%	0.1%	0.1%
第二产业（Secondary Industry）	27.8%	25.1%	25.2%	24.1%	22.5%	23.0%	25.1%
第三产业（Tertiary Industry）	71.9%	74.7%	74.6%	75.7%	77.3%	76.9%	74.7%

图5-2　2015—2021年上海市浦东新区三大产业增加值占地区生产总值比重

六大硬核产业已经取得了较为优异的发展成绩，保持较快的发展步伐。根据《上海浦东新区统计年鉴2022》，浦东"硬核"产业全年实现产值6089.44亿元，增长23%，超过规上工业整体增速8.2个百分点，占规上工业比重48.9%，占上海全市37.9%。"中国芯"发展势头强劲：2020年，芯片设计进入7纳米技术节点，晶圆代工厂14纳米生产线实现量产；全年集成电路产业销售规模1471亿元，比上年增长20.5%。"创新药"蓄势发力，生物医药业完成总产值626.03亿元。"未来车"布局继续优化，特斯拉超级工厂部分投产，华为、泛亚等加快智能网联汽车布局，汽车制造业完成2619亿元，拉动浦东工业增长6.8个百分点，是增长最快、贡献最大的行业。"蓝天梦"快速成长，航空航天制造业完成总产值100.97亿元，比上年增长20.5%，占全区工业总量的0.97%。"智能造"继续蓄力，截至2020年年底，浦东新区人工智能企业已超600家，相关产业规模达910亿多元，集聚阿里巴巴、云从科技、

① 数据来自《上海浦东新区统计年鉴2022》（https：//www.pudong.gov.cn/zwgk/tjj_gkml_ywl_tisj/2023/72/307915/05aa31d983b84c0ab4130b1d66edb26.pdf）。

小蚁科技、汇纳科技、黑瞳科技等独角兽企业。[①]数据港发展势头迅猛，截至2022年12月末，浦东新区规模以上软件信息技术服务业营收2655亿元。

5.1.2 金融业现状

浦东新区是中国的金融“心脏”，地位和重要性不言而喻。2020年，浦东新区金融业生产总值为4164.73亿元，占浦东新区地区生产总值比重达到31.5%，增加值增长8.5%，占全市比重超过58%，为全区、全市经济社会平稳健康发展提供了有力支撑。金融业一直持续高速发展，2015年的增加值是2055.89亿元，到2021年变为4692.79亿元，增长超过一倍（见图5-3）。

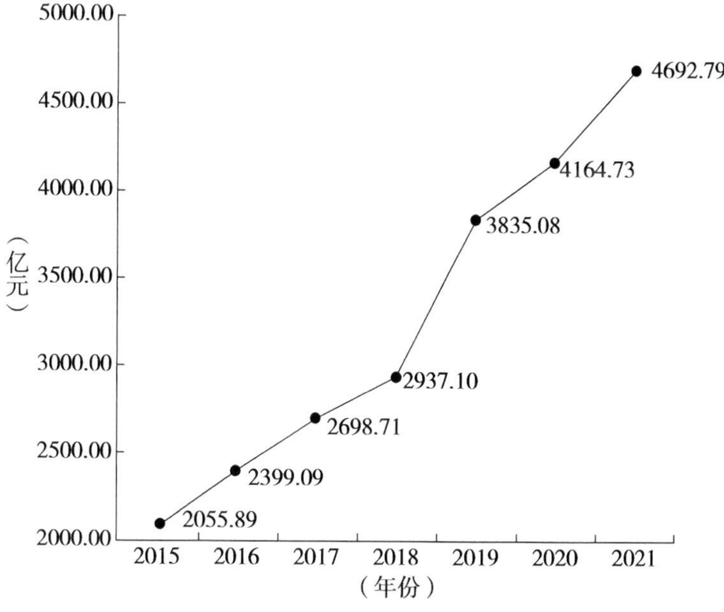

图5-3　2015—2021年上海市浦东新区金融业增加值

浦东新区已经集聚了股票、债券、期货、保险、信托、外汇等13家金融要素市场及其基础设施，已形成持牌金融机构、新兴金融机构和金融专业服

① 数据来自浦东新区人民政府官网（https：//www.pudong.gov.cn/008006035012/20220630/703526.html）。

务机构共同发展的金融机构体系，是全球金融要素市场较为完备、交易较为活跃的地区之一。

2020年浦东新区新增持牌类金融机构32家，总量达到1110家，其中银行类287家、证券类512家、保险类311家，总数占全市2/3。摩根大通合资证券公司、交银理财、中银金融科技公司等重点金融机构落户；共有74家国际知名资管机构设立101家各类外资资管机构，占全国的90%；融资租赁业务蓬勃发展，融资租赁机构近1700家，资产规模达到2万亿元，占全国的30%。东航股份等10家融资租赁公司签约落户保税区，融资租赁项目公司资产规模增长20%以上。金融服务实体经济能力不断增强，服务实体经济作用取得实质成效，“沪伦通”正式启动。小微企业增信基金政策有效落地，带动银行贷款28.3亿元。①新增12家科创板企业，总量达到21家，占全市57%，浦东新区累计拥有国内上市企业128家、境外上市企业63家、新三板挂牌企业119家及上海股交中心挂牌企业185家。金融要素市场和产品创新持续推进，支持推出人民币利率期权、铝期权、锌期权等一批业务和产品创新，低硫燃料油期货正式挂牌交易，进一步提升我国期货市场“上海价格”的国际影响力。

5.2 产融合作试点成果

5.2.1 试点前的产融合作基础

（1）产业基础

浦东新区的第三产业占据主导地位，已经打造出了国际经济中心、国际金融中心、国际贸易中心、国际航运中心“四个中心”核心功能区。航运服务业发展迅速，以外高桥港和洋山港为主的上海港集装箱吞吐量继续保持全球第一。2016年，浦东新区第三产业增加值占地区生产总值比重达到74.90%，一以贯之地巩固和优化以服务经济为主的产业结构。

① 数据来自《上海市浦东新区人民政府公报》2020年第2期（https：//www.pudong.gov.cn/zwgkupfiles/temp/2021-10-13/08ac7c86-5f61-473a-9ec4-b4bb746bac04/%E7%AC%AC%E4%BA%8C%E6%9C%9F%60.pdf）。

同时，浦东新区坚持实施创新驱动发展战略。浦东新区站在未来产业发展战略上考量，建设张江国家自主创新示范区、战略性新兴产业主导区、科创中心核心功能区，区域创新能力不断提升，新兴产业的涌现为产融合作提供了金融服务支撑的对象。2016年，大健康、大数据、大物流、新制造、新材料、新能源“三大三新”产业产值占新区工业总产值比重达到63.2%，新一代信息技术、生物医药产值分别占全市的41.1%、44.9%。高新技术企业达到1510家，张江综合性国家科学中心获批，上海光源二期、超强超短激光实验装置等一批重大科技基础设施落地，中国商飞C919大型客机总装下线，中芯国际、华力二期等一批重大产业项目开工建设。产业发展基础的不断夯实显现出浦东新区在产融合作发展方面的巨大潜力。

（2）金融基础

2016年，浦东新区实现金融业增加值2399.09亿元，占全市金融业增加值比重为50.4%，占新区生产总值27.5%，对浦东新区经济增长的贡献率达41.8%，是对浦东新区经济增长贡献最大的行业。

金融机构集聚水平高。2016年，浦东新区全年共引进监管类金融机构63家，总数达963家。其中，银行类金融机构262家，证券类金融机构430家，保险类金融机构271家。在非监管类机构方面，推动301家融资租赁机构落户浦东新区，年末共有融资租赁企业1834家，较2015年增加近20%；共有各类金融专业服务机构216家、股权投资企业及其管理机构数量达5178家，同时基金业务、融资担保、小额贷款方面的机构、公司数量也在大幅增加。①

金融发展环境好。浦东新区积极出台多项扶持政策促进精准招商，大力集聚金融机构。同时推进金融人才高地建设，持续致力于引进海外顶尖金融教学资源，与国外金融名校联合开展培训课程。已构建起集开放式、探究式、研讨式、互动式于一体的新型金融培训模式。

① 以上数据来自浦东新区人民政府官网（https：//www.pudong.gov.cn/008006031006/20211020/1539.html）。

（3）产融合作基础

坐落于国际金融中心城市的浦东新区，凭借优秀的金融资源，具有强大的产融合作基础，体现在如下几个方面。一是科技金融服务、创新财政科技投入方式多样。浦东新区推动设立小微企业增信基金暨新一期银政合作项目，会同区财政、上海市中小微企业政策性融资担保基金管理中心探讨市区合作机制，推动市信保基金落地，持续推动设立科技银行。二是在推动中小企业利用多层次资本市场发展壮大方面经验丰富。2016年，浦东新区新增2家国内上市公司，上市公司总数为125家；新增89家新三板挂牌企业以及47家上海股交中心挂牌企业，挂牌企业新三板总数达到201家，上海股交中心总数达135家。三是中小企业融资服务水平极高。2016年，金融服务窗口累计服务企业2956家，为1339家企业落实83.72亿元贷款，企业申贷获得率为45%。新增服务企业599家，为251家企业落实5.8亿元贷款，同时积极推进小微企业信用贷试点工作。四是金融具有支持新型城镇化和民生改善的经验。推行农村集体土地承包经营权流转信托试点工作，持续探索引入银行、保险等金融资源服务于民生工程。

5.2.2 试点中的产融合作实施方案

（1）试点目标

2017—2019年，浦东新区根据产融合作试点城市创建的要求以及浦东新区产业、金融发展的内在需求，找到产业发展和金融服务之间的交叉点，结点组网，持续铺开产融合作服务网，延伸金融支撑产业兴旺的服务触角，将立足点定为以金融服务实体经济、支持先进制造业发展、促进经济社会转型升级。

（2）试点内容

浦东新区在试点期间，具体规划设定为“五个率先”。第一，率先创新突破若干有利于产融合作的体制机制。在试点城市中用改革创新思维指导产融合作的顶层设计。积极求变，建立完善的产融合作工作体制，保障产融合作高效率运行的工作机制，形成完备的产融合作的工作体系。第二，率先启动一批亮点突出、特色鲜明的产融合作示范项目。在浦东新区现有特色产业中选取一批项目作为示范项目，通过打造示范样本、树立标杆的方式提升产融合作在浦东新区实施的热度。采取示范项目带动引领的方式，使得浦东新区的优质产业、特色产业有信心、有热情地实施产融合作项目。第三，率先设立一批导向明确、切合需求的产业投资基金。聚焦浦东新区新兴产业行业领域，重点围绕智能制造、通信网络、商业服务等细分领域进行投资，通过资本赋能为优质工业、电子信息、高新技术等企业发展助力，加快布局浦东新区新兴产业协同发展，助推浦东新区产融合作建设。第四，率先形成具有浦东烙印的产业链金融生态圈。推进金融服务于实体经济的高质量发展，避免单靠某几个大企业或产业发展的情况出现，补齐产业链中个别企业或生态圈中个别产业链的金融短板，推动产业链中金融支撑的各类企业以及生态圈中的各条产业链共同发展、共同进步。第五，率先建成信息资源完善、共享便捷的产融合作信息平台。搭建产融合作信息化服务平台，提供全生命周期金融服务。在平台内聚合产业资源、金融资源、政策资源，切实提高服务实体经济的有效性。建立政府、企业、金融机构对接合作机制，发挥财政资金引导作用，加强政银企互动，强化诚信体系建设，深化产业与金融合作。

5.2.3 试点后的成果

与试点前相比，浦东新区的金融业发展数据持续向好，2019年实现金融业增加值3835.08亿元，比2016年增加1435.99亿元，增长59.86%；对经济增长的贡献率由41.8%上升至49.4%；金融业增加值占全市比重由50.4%上升至58.1%，占新区GDP的比重由27.5%上升至30.1%。银行、证券、保险机构以及上市公司的数量也在不断增加，各类金融服务产品、金融创新机制、金融合作模式优化完善，体现出浦东新区推进产融合作试点工作的实质成果。

浦东新区锚定试点期的“五个率先”目标任务，作出了有益探索，初步完成了目标任务。

第一，突破创新产融合作体制机制，着力提升辖内机构科技金融的专业化经营能力，构建了“4465”科技金融框架体系。具体包括以下内容。

①经营模式的四个转变：一是从“房变钱”转为“纸变钱”，提高知识产权的融资能力，盘活科研成果，促进知识与资本的融合；二是从“向后看”转为“向前看”，建设一套面向未来的科技金融机制；三是从“常规军”转为“特战队”，提高专业化经营能力，紧紧围绕自身业务发展规划，确定重点行业，精耕细作，服务科技创新；四是从“单干户”转为“合作社”。②经营理念的“四可原则”，包括商业可持续、政策可托底、风险可控制、激励可相容。③六项主要任务，包括优化科技金融生态系统；加大对科研基础设施和科技创新布局的金融支持力度；推进科技金融专营机构建设，创新专业化经营模式；主动前移金融服务，促进科技成果转移转化；继续推进投贷联动业务创新；在风险可控前提下，开展科技金融产品和业务创新。④五项保障措施，包括发挥银行监管与政府扶持的协同效应，发挥监管规则的正向激励作用，将创新科技扶持政策延伸到金融机构，完善科技金融数据共享机制，加强业务指引与培训。

第二，建成产融合作信息平台助力投资基金发展。通过金融科技服务平台建设，2019年，浦东科创母基金正式设立运行，首期规模55亿元，聚焦“中国芯”“创新药”“蓝天梦”“未来车”“智能造”“数据港”六大硬核产业。同时，设立若干支特点鲜明的行业专项子基金，吸引各类社会资本，放大基金规模，创新“产业+基地+基金”联动发展模式，撬动了社会资本形成约200亿元的科技创新产业基金群。2020年，上海市银行卡产业园作为中国首家专业化金融信息服务产业基地已在浦东新区开工建设，首发项目“鑫智汇”金融科技产业园于2021年第一季度交付使用。浦东新区在金融科技发展方面领先全国，正在不断创新金融与科技的融合方式。

第三，产融合作示范项目持续发力。融资租赁业作为浦东新区的新兴金融业态，在扩大内需、带动出口、推动转型等方面发挥了重要作用。2015年，浦东新区就颁布了《关于促进浦东新区融资租赁行业健康发展的若干意见》，进一步促进融资租赁行业在浦东新区的机构集聚与健康发展。在当选产融合作试点城市（区）后，浦东新区持续推进融资租赁服务的金融业务项目。2018年，上海自贸区融资租赁产业发展服务中心（平台）正式揭牌，整合了市地方金融监管局、海关、税务、外管、财政以及行业协会、中介机构等，将为融资租赁企业提供全流程的精准服务。2018年年末，浦东各类融资租赁公司（不包括分公司、单船单机项目子公司）共1795家，累计注册资本总额约7442亿元。其中，金融租赁及其专业子公司8家，内资试点企业22家，外商投资融资租赁企业1765家。外高桥保税区单船单机项目子公司共363家，已累计完成403架飞机租赁业务，累计完成飞机租赁资产1201亿元；累计完成各类船舶租赁业务355艘，累计船舶租赁资产976亿元。[①]2020年浦东新区融资租赁情况已在前文说明，可见浦东新区对于融资租赁类型的产融合作项目扶持力度之大，将融资租赁产业走向产融结合模式，发挥了产融合作的良好示范作用。

第四，持续打造浦东科技金融生态圈。浦东新区金融氛围扬名海外，一直以来都是我国金融产业发展的标杆，金融元素形成的生态圈正在不断丰富。尤其是金融科技，其种类丰富、业态多元。浦东新区正全力打造上海金融科技中心核心承载区，为上海金融科技中心建设贡献浦东智慧，提供浦东样板。浦东新区，探索创新科技金融外部保障机制。2020年，中小微企业获得市政策性融资担保贷款60.47亿元，其中300万元及以下中小微企业政策性融资批量担保贷款23.74亿元。[②]2020年浦东新区知识产权质押融资贷款金额为8.66亿元，占全市比重为22.5%，其中专利质押融资贷款金额8.4亿元，商标质押融资贷款金额2600万元。[③]

5.3 案例：金融服务合作社[④]

2020年3月，上海市委统战部会同市民政局、市工商联、市融资担保中心等共同建立了“政会银企”四方合作机制，旨在缓解民营中小企业融资难问题。浦东新区积极响应创新金融机制改革，浦东新区工商联立足于“统战

① 数据来自《浦东时报》。

② 浦东新区人民政府官网（https：//www.pudong.gov.cn/008006035022/20220706/704600.html）。

③ 《浦东科技金融白皮书》。

④ 《浦东：创“金融服务合作社”促“政会银企”四方合作 强化商会服务企业功能》。

性、经济性、民间性”三性有机统一重要特征和桥梁纽带定位，创新搭建金融服务合作社（下称“金合社”）助推“政会银企”四方合作，围绕解决民营企业融资问题，凝聚力量、创新模式，增强商会专业服务能力，探索民营经济统战新方法、新机制，经过一段时间实践，取得一些成效。

5.3.1 “金合社”主要做法

一是积少成多，抓牢政会合作，不断聚集“金融”元素。浦东新区充分发挥商会主渠道优势，不断夯实专业金融工作资源，在区财政局、区金融局的支持下，“金合社”服务机构已由初期的一两家合作银行，逐步发展成集“工、农、中、建、交”等各大银行在内的16家银团，加上保险、券商等其他专业服务机构，总数已达21家，服务层次也由单一的银行服务，向券商、保险、股权投资等领域拓展，正在持续形成集聚效应、虹吸效应、规模效应。在金融政策集聚上，与区财政局签订《关于服务民营经济健康发展的协作备忘录》，建立民营企业“政策融资担保”白名单专项推荐工作，与发改委、金融局开辟“信用赋能”专项融资通道，夯实金融服务政策资源。

二是从“无到有”，抓实银企对接，初步形成“服务”功能。浦东新区从“松散型”“点对点”“纯线下”的服务模式出发，逐步升级为“紧密型”“多对多”“线上线下联动”的闭环服务模式。通过“浦东云商会”开辟“金融服务”专栏，将各机构针对民营企业的拳头产品和优质服务搬到网上，构架“产品超市”供企业挑选对接；推出“在线问需”及时登记反馈企业融资需求；设立专人、专窗、专线的线下“服务基地”定期跟踪回访融资进展，并根据经营变化随时调整服务机构、服务产品和服务内容，经过实践已初步形成流程化、标准化服务。同步制作服务宣传册，推出一套服务流程，更清晰地帮助民营企业精准对接金融服务资源，提高商会金融专业服务效能。

三是“以点带面”，实现功能输出，始终突出“合作”共赢。作为资源和功能枢纽，区工商联持续向基层商会输出赋能，实现了机制创新带来的“减负”“增能”双向成效，确保基层拿来就能用。通过向组织网络延伸服务，既提升了基层商会专业服务能力，又提升了工商联的品牌效应，打通了银企对接的“最后一公里”，优质信贷资源通过商会组织的“神经末梢”不断向企业“细胞”直达输送。在银企对接中，银行获客成本降低，银企实现双向选择，商会会员发展渠道拓展，各方实现共赢。

四是由弱到强，不断提效增能，持续完善“载体”迭代。浦东新区“金合社”自发展以来，前后经历了三个版本的迭代。从1.0版本创新试验、资源整合，到2.0版本的功能搭建、模式再造，再到3.0版本的机制创新、体系覆盖，围绕解决民营企业融资问题不断迭代“金合社”载体形式、载体功能、载体运行机制和运行体系，银企资源得到充分配置，过程中“政会银企”各方都倾注了极大关注和努力。与传统社会融资相比，专为民企服务的商会“金合社”，标识更明显、网络更健全、供求更及时，让民营企业的融资途径变得更加畅通、可靠、高效、便捷，或可成为民营企业融资首选平台。

5.3.2 “金合社”工作成效

一是进一步深化了商会的桥梁纽带作用。通过探索搭建企业和银行、券商等信息对接平台，密切了同企业的关系，针对企业融资需求提供更加精准的服务，有效提升了商会为企业提供专业服务的能力，拓展了服务企业的领域，为发现培养商会新会员、关注成长型中小微企业和企业家提供了更精准的依据，工商联和基层商会的凝聚力和影响力大大提升。

二是进一步提升了企业的融资成功率。区工商联和基层商会通过“金合社”平台，为银行了解评估企业提供了相关依据，进而有效降低了企业的融资成本，解决了中小微企业的融资难题，企业的满意度和向心力持续增加。2020年，“金合社”直接为企业提供融资授信对接达28.25亿元，协调贷款展期6950万元。2019年贸易摩擦期间，“金合社”对出口额在300万美元以下的民营企业提供出口保单，承保金额达2298万美元。

三是进一步整合了区级融资资源向商会企业倾斜。浦东新区工商联2020年推动区级层面召开“信用赋能企业发展大会”，会同发改委、金融局引导10家银行向新区市场主体提供1600亿元额度的专项信贷支持，服务企业数超过1.2万户，其中，中小微企业超过1万户；同时，会同财政局、金融局加大政策担保贷款在商会组织中的宣传力度，浦东新区层面已完成1384笔，金额达38.96亿元，其中民营企业占比超九成，有效提升了“金合社”平台功能，探索形成了区内各类融资资源的一站式服务平台。

5.4 产融合作试点经验启示

浦东新区金融基础实力雄厚，在产融合作试点期间，充分发挥金融禀赋优势，进一步延伸了金融支撑产业的服务触角。它的经验主要包括以下三点。

一是组建产业基金联盟具有重要性。浦东新区结合产业实际，聚焦六大硬核产业，整合外部资本，充分发挥本地产业资源优势，创新金融服务模式，提升金融服务实体经济的效能，组建了科技创新投资基金和专项子基金，实现了科技与金融的深度融合，为科技产业的高质量发展增添动力，加快推进金融中心与科创中心的联动发展。

二是金融服务模式需要精准高效。在金融服务方面不局限于常见的贷款、证券、担保等服务，浦东新区在飞机、船舶、机械装备等传统领域和飞机航材、能源安全供应、集成电路等产业链上下游高端装备制造产业方面精准施策。瞄准装备制造的现实金融需求，在融资租赁服务方面大做文章，2019年发布了《关于进一步促进融资租赁业产融结合、强化“一网通办”、优化“一站式”服务的若干措施》，不断推出制度和政策创新，包括融资租赁财政扶持办法、融资租赁服务平台的搭建等，为企业开展融资租赁业务提供了便利。可见，浦东新区在金融服务模式创新方面具有较强的针对性，精准、高效，可行性强。

三是多方联动形成金融服务合力。通过对浦东新区“金合社”金融服务平台的分析，可以看出浦东新区在金融服务平台建设方面已不再仅依靠区金融工作局的资源，而是集聚了区工商联、区财政局、银行、商会共同完成了“金合社”平台的搭建，为民营企业融资问题“雪中送炭”。这个事例体现出产融合作可以聚集多方的优势资源，协作联动创造新产融合作模式，规避了单一或少数部门在产融合作方面的思维局限性，同时也在多个金融服务领域合力施策，全方位保障了产业金融需求。

6 苏州市产融合作试点分析

江苏省苏州市于2016年入选第一批国家产融合作试点城市，并于2020年开始延续试点。试点期间，苏州市不断提高政府引导和服务能力，支持产业结构调整和转型升级，持续加大金融资源的支持力度，积极探索产融合作新模式、新方法，通过三年试点，苏州市金融服务产业的质效显著提升。

6.1 基本发展概况

苏州市位于长江三角洲中部、江苏省东南部，全市下辖5个区，总面积8657.32平方千米。根据第七次全国人口普查数据显示，苏州市常住人口为1275万人，人口增量及增速均为江苏省第一。

2021年，苏州市地区生产总值22718.34亿元，在江苏省排名中稳居第一。高新技术发展是推动苏州市经济发展的关键力量。其中，苏州工业园区是我国高新技术产业基地，被誉为苏州市最具代表性的"中国第一园"。作为全国科创产业的高地、中国科技创新的改革先锋，园区生物医药、纳米技术、人工智能三大新兴产业正在高质量蓬勃发展，成为科创企业首选的培育沃土。

6.1.1 产业现状

根据《苏州统计年鉴2022》，2015年，苏州市地区生产总值14468.7亿元。其中，第一产业增加值215.7亿元，第二产业增加值7250.5亿元，第三产业增加值7002.4亿元。经过6年发展，2021年实现地区生产总值22718.3亿元，较2015年增长57.02%。其中，第一产业增加值189.7亿元，第二产业增加值

10872.8亿元，第三产业增加值11655.8亿元。[①]

从经济增长速度来看，苏州市在2015—2017年发展较快，增长率保持在7%及以上。2018年、2019年增速略微下降，年平均增长率为6.2%。随后受新冠病毒感染疫情重创，2020年降到3.4%，2021年回升到8.7%（见图6–1）。[②]

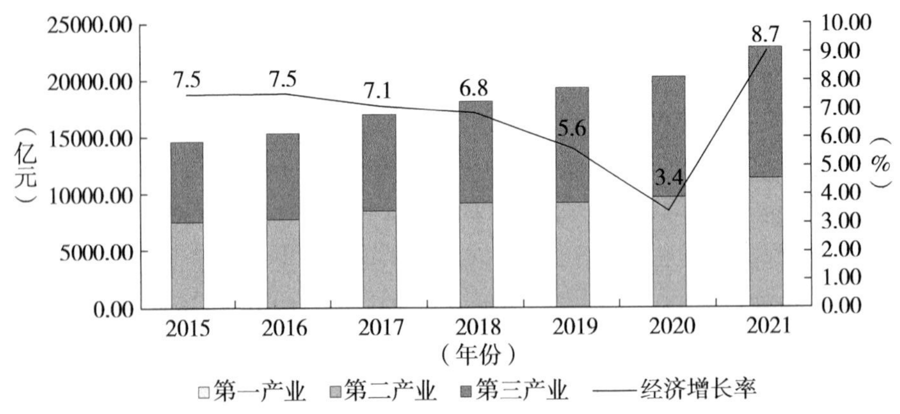

图6–1　2015—2021年苏州市地区生产总值及经济增长率

从产业结构来看，苏州市第二、第三产业都比较发达。2015年，第一、第二、第三产业增加值占地区生产总值比重分别为1.5%、50.1%、48.4%，第二产业规模略大于第三产业。自2016年起，第三产业反超第二产业。2021年，第一、第二、第三产业增加值占地区生产总值比重分别为0.8%、47.9%、51.3%（见图6–2）。

从行业发展来看，苏州市工业体系较为完备，电子信息、先进材料、装备制造和生物医药行业已经形成产业集群，2021年的产值总和达到3.8亿元。据苏州市统计局统计，2021年，全市高技术制造业产值14062.2亿元，占规模以上工业总产值的比重达34.0%。高技术服务业营业收入比上年增长23.0%，占规模以上服务业营业收入的比重达35.3%。

① 数据来自《苏州统计年鉴2022》，采用四舍五入法保留1位小数。

② 2015—2021年苏州市经济增长率数据为不变价增速，数据来自2016—2022年的苏州统计年鉴。

	2015年	2016年	2017年	2018年	2019年	2020年	2021年
第一产业（Primary Industry）	1.5%	1.5%	1.4%	1.2%	1.0%	1.0%	0.8%
第二产业（Secondary Industry）	50.1%	48.1%	48.3%	48.8%	47.4%	46.5%	47.9%
第三产业（Tertiary Industry）	48.4%	50.4%	50.3%	50.0%	51.6%	52.5%	51.3%

图6-2　2015—2021年苏州市三大产业增加值占地区生产总值比重

数据来源：《苏州统计年鉴2022》。

6.1.2　金融业现状

苏州市金融业基础扎实，一直是实业发展的有力支撑。如图6-3所示，2021年，苏州市金融业增加值1970.90亿元，占地区生产总值比重达8.7%。与2015年的1180.43亿元相比，增加790.47亿元。

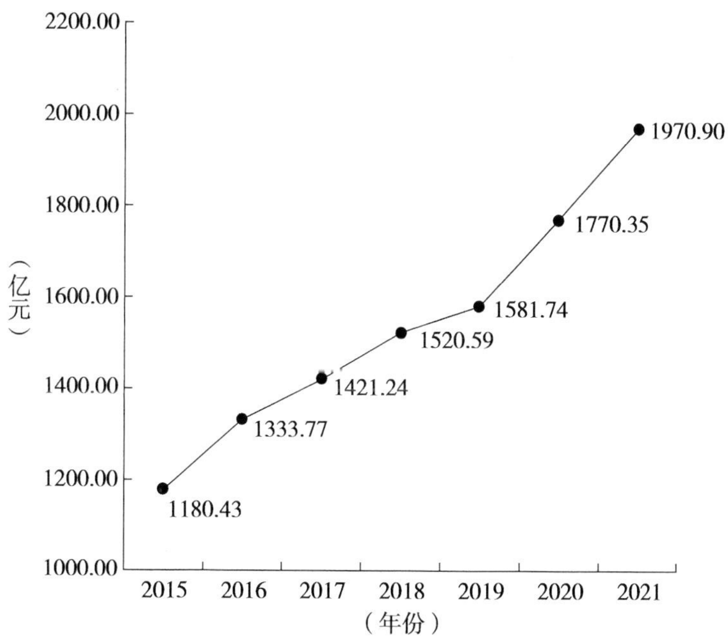

图6-3　2015—2021年苏州市金融业增加值

2021年年末，苏州市共有各类金融机构922家，年末金融机构人民币存款余额为38627.0亿元、贷款余额为39502.8亿元。小微企业数字征信实验区、金融科技创新监管试点和数字人民币试点等金融改革创新持续深化。有保险公司主体89家，保险公司分支机构803家。全年实现保费收入779.9亿元，其中人身险业务保费收入567.6亿元，财产险业务保费收入212.3亿元。全年新增境内外上市公司42家，其中境内A股上市公司35家，年末全市共有境内A股上市公司175家，数量位居全国第五。新增科创板上市公司18家，累计38家，居全国第三。北交所上市企业4家，位居全国第二。全国首批、江苏省首个公募REITs[①]成功上市。年末全市证券机构托管市值总额1.3万亿元，各类证券交易额8.46万亿元。

6.2 产融合作试点成果

6.2.1 试点前的产融合作基础

（1）产业基础

苏州市产业发展稳定，结构不断优化。农业现代化稳步推进。2015年新增高标准农田面积5.33千公顷[②]，高标准农田比重达到68.5%。年末设施农（渔）业面积46.8千公顷，现代农业园区总面积70.6千公顷。工业生产平稳增长。2015年，全市实现工业总产值35718亿元，同比下降0.2%。其中规模以上工业总产值30546亿元，比上年增长0.2%。服务业提速发展。2015年，实现服务业增加值7170亿元，比上年增长9%，占GDP比重达49.5%，形成“三二一”发展格局，并实现高新技术产业产值14030亿元，同比增长2.7%，占规模以上工业总产值的比重达45.9%。

（2）金融基础

金融运行保持稳定，资本市场发展状况良好，保险业平稳运行，金融创

① 一般指不动产投资信托基金。

② 1公顷=10000平方米。

新不断深化。2015年年末全市金融机构人民币存款余额23659亿元，同步增长9.4%。年末金融机构人民币贷款余额19200亿元，同比增长11.3%。2015年年末全市证券交易开户总数191万户，证券机构托管市值总额7135亿元，比上年增长98%，各类证券交易额8.3万亿元，增长219%。此外，2015年新增保险机构1家，年末保险机构75家，各类分支机构894家。保险深度、保险密度分别为2.5%和3469元/人。2015年新增各类金融机构41家，总数达759家，金融总资产3.8万亿元，同比增长11.8%，新增上市公司8家，累计达100家。

（3）产融合作基础

试点之前，苏州市就已经开始筹划建设区域性产业金融服务新平台，服务范围涵盖多个方面。比如2015年已成立苏州市首家金融租赁公司，专注于中小企业、文化传媒、环保新能源和创新业务四大领域，推动银租联动、产融合作，开展厂商租赁业务。苏州市政府产业引导基金早在2011年就开始布局，重点扶持生物医药、文化、养老、人工智能、区块链等产业。

6.2.2 试点中的产融合作实施方案

（1）试点目标

苏州市立足制造业企业发展需求，以苏州市综合金融服务平台为依托，以工业企业资源集约利用信息系统和地方企业征信系统为支撑，全方位支持制造业企业转型升级和创新发展过程中的多样化金融需求，加快推进供给侧结构性改革步伐。具体目标：打造支持制造业企业全生命周期的金融服务机制和模式，形成银行、证券、投资、保险、信托、融资租赁等多元金融服务手段综合运用的格局，全面提升金融服务制造业的综合能力，支持各成长阶段的制造业企业融资发展。实现每年制造业贷款余额增速不低于全省平均水平，保持制造业贷款余额占全部对公贷款余额的比重稳定在30%左右，并力争有所提升。每年新增新三板挂牌企业和上市企业中制造业企业占比不低于50%。

（2）试点内容

结合部分公开资料，苏州市产融合作试点包括以下方面：

一是深化苏州市综合金融服务平台建设，将苏州市综合金融服务平台打造为集银行、保险、担保等多元化、多层次、多渠道、多功能的“债权+股权”融资对接综合服务平台。以此为依托，建立先进制造业企业名单库，并纳入平台服务，为入库企业开辟服务绿色通道，鼓励金融机构落实重点领域制造业企业差别化信贷政策，实现制造业企业金融服务提质增效。充分发挥政府引导作用，每季度组织开展专题性、特色化的银企对接活动、融资洽谈活动，精准落实制造业企业资金、资本支持。健全制造业企业转贷机制，指导银行积极创新转贷续贷方式，清理不必要的“过桥”环节，并将各县（市、区）转贷资金池纳入综合金融服务平台，进一步加强对小微制造业企业的转贷支持，同时研究利用国有资金、保险资金和社会资金合作充实转贷资金池，帮助制造业企业缓解资金周转困难，降低企业财务成本。

二是加强企业信息系统服务应用，改善企业融资环境。充分利用工业资源集约利用系统和地方企业征信系统的综合评价结果，以大数据为支撑，根据不同类型制造业的特征，摸排制造业企业有效融资需求，构建服务于制造业融资模式的信息辅助决策体系。推进面向制造业企业资源集约利用和信用评估体系的升级完善，向金融机构推送先进制造业优质企业。鼓励金融机构利用工业企业资源集约利用信息系统和地方企业征信系统为苏州市制造业提供高效便捷的普惠金融服务。

三是推动金融资源整合创新，丰富企业金融服务工具。积极向上争取国家各项资金支持，加大企业信贷投放力度。进一步推动全市银行业金融机构加强“金融支持制造业提质增效示范工程”建设，紧密围绕重点领域，完善信贷管理机制，科学应用工业企业资源集约利用综合评价结果，落实差别化信贷政策。进一步加大对重大技术改造项目的信贷支持，支持传统产业改造升级项目。充分运用苏州投贷联动引导基金，探索投贷联动业务。支持制造业企业兼并重组。充分发挥苏州并购引导基金的作用，研究在高端装备制造、新一代电子信息、新材料等制造业重点领域设立专业并购基金，吸引和支持股权投资基金、产业投资基金、证券公司、资产管理公司等合作参与制造业企业兼并重组，助力龙头型制造业企业实现产业链扩张，从而实现行业整合和布局调整优化。

四是完善制造业企业信贷风险分担机制，减少金融机构对企业担保、抵押物的依赖。扩大和完善科技信贷风险补偿范畴和机制，加大科技型中小微制造业企业信贷、保险、担保、投资等补偿力度和覆盖面。充分利用苏州市信用保证基金，优化“信保贷”产品，对制造业重点支持企业或项目给予适当费率优惠和补贴。大力发展融资租赁业务，鼓励融资租赁公司参与合作“信保租”产品，加大“信保租”产品推广应用，充分发挥支持企业融资融物的双重功能。加大保险对制造业企业支持力度，鼓励保险公司运用险资以股权、债权、基金等多种方式为制造业企业提供资金支持。加大科技保险的推广运用，支持制造业企业开展技术研发，提高企业自主研发能力和水平，推动重大科技成果转化和产业化。积极落实首台（套）重大技术装备保险试点工作，加快重大装备首台（套）的推广应用，促进产业转型升级。进一步鼓励保险公司发展财产保险、专利保险、安全生产责任险等业务。进一步完善制造业企业保费补贴机制，降低投保企业负担，引导企业主动运用保险工具防范化解风险。有序分类处置困难企业，充分发挥资产管理公司不良资产处置、债权债务重组等功能，稳妥有序推动“僵尸企业”平稳退出市场。

6.2.3 试点后的成果

苏州市积极聚合产业资源、金融资源、政策资源，建立完善政府、企业、金融机构对接合作机制，充分发挥财政资金引导作用，加强政银企互动，强化诚信体系建设，加大对产业企业支持力度，大力支持战略性新兴产业发展，支持苏州市产业结构调整和转型升级。

创新金融服务模式。金融机构和企业开展线下活动，并构建线上的常态化交流机制，在银企之间构建起能面对面沟通的桥梁，打通了银行与企业之间融资需求的通道，将金融资本与企业资源有效融合，实现了银企双赢，从而服务地方经济、支持实体经济，提供更多元化和专业化的金融服务。

聚焦服务能力提升，完善科技金融经营载体。支持辖内金融机构设立科技支行、科技特色支行、科技保险支公司等专营机构，鼓励金融机构总部在苏州市设立"企业自主创新金融支持中心""科技金融产品研发中心""投贷联金融中心"等特色部门或功能性总部，提升科技金融服务能力。截至2021年9月末，已设立科技支行7家、科技特色部门13个、科技特色支行58家以及全国首家科技保险支公司，引入科技金融相关功能性总部10家。引导专营机构落实"五单机制"，即单独配置人力资源，单列信贷计划，单设信贷评审制度、考核机制、尽职免责制度，提高服务科技企业的积极性、精准性和专业性。如推出专门的风险评估及信贷审批模式，灵活调整授信政策及评估流程；特别招聘引入生物医药、人工智能等高科技领域理工科人才；弱化对财务指标的关注，给予拨备计提返还、会计考核中少计或不计风险成本、专项调降科创金融产品FTP[①]定价等政策倾斜。截至2021年9月末，苏州市辖内主要中资商业银行科技型企业贷款余额为1348.26亿元，较年初增长30.64%。

聚焦重点科创领域，创新形成特色产品集群。开展科技金融"一行一司一品牌"产品创新，通过风险补偿政策引导金融机构加大对关键领域，特别是"卡脖子"领域研发阶段的金融支持，形成一家银行重点服务一个产业、重点对接一类企业，一家保险公司重点研发一类产品，多家银行保险机构有序竞争的产品创新格局。推出重点服务生物医药产业的浦发银行"科浦医贷"，重点服务人才企业的苏州银行"创易融"，重点对接高新技术企业和独角兽培育企业的江苏银行"高企贷"、苏州农商行"培育贷"等信贷产品。针对科技企业研发风险保障需求，苏州市科技局与人保财险苏州市分公司在全国首创"科技研发费用损失保险"，为46家独角兽培育企业提供研发费用保障4600万元，保费由市级财政全额补贴；落地全国首单"集成电路流片费用损失保险"，填补对高端芯片自主可控研发生产风险保障的空白。

聚焦科技融资难点，着力解决首贷难等问题。通过发展知识产权投融资服务体系盘活无形资产，完善激励机制鼓励发放信用贷款，着力解决科技企业轻资产、缺少抵押物及首贷难问题。一方面，为科技企业技术和知识产权的转让、许可、投资、入股等搭建平台，引导多家银行与江苏国际知识产权

① 银行内部资金转移定价系统。

运营交易中心签署战略合作协议，创新推出“专利贷”“版权质押贷”“商标贷”等知识产权质押融资产品，支持知识产权资产证券化，全省首单知识产权资产支持专项计划落地苏州市。另一方面，建立首贷、信用贷正向激励机制，如“金融支持企业自主创新行动计划”每年按银行为企业发放单户500万元及以下信用贷款总额的5%给予奖励，专项用于对冲风险弥补损失；对首贷、信用贷达到一定企业户数和贷款规模的银行，给予现金奖励并配置一定规模的财政存款。截至2021年11月，辖内科技金融专项信贷产品中信用或以信用为主的产品占比达94%；科技企业有贷户数7630家，较激励措施实施初期增加4791户。此外，以“首贷扩面专项行动”为契机，已向辖内金融机构推介1536家无贷科技型小微企业实施对接。

6.3 案例：苏州工业园区“园易融”①

为帮助企业抗击疫情、共克时艰，苏州工业园区于2020年1月初提速上线一站式综合金融服务平台——“园易融”，向企业提供实时在线云服务，以确保新冠肺炎疫情期间对企业的金融供给不断血。上线第一个月，“园易融”已上架政策性及机构自营产品60余款，已受理融资需求近300笔，100%受理对接，各类金融创新产品已为120家次企业解决融资需求11亿元，同比增长近100%。

2020年2月中旬，园区发布了支持企业疫情期间平稳健康发展的“惠企十五条”政策，要求加快建设线上线下一体化综合金融服务平台。园区政策性金融原先着眼于服务科技企业，多年来已累计帮助4000多家次科技及人才企业解决近200亿元资金需求，此次推出的“园易融”平台将服务领域从“科技金融”全面拓展到“普惠金融”，可帮助更多企业缓解“融资难、融资贵、融资慢”问题。此外，平台把产品流程线上化、需求受理统一化、金融产品集市化、业务服务智能化、统计分析多样化，为企业、金融机构等提供更便

① 《“园易融”升级一站式金融云服务》。

捷的服务。

据了解，"园易融"已纳入园区"一网通办"政务服务模块，作为园区企业融资需求受理的重要渠道入口，不仅拓宽了资金需求侧，服务对象覆盖到了园区所有工商注册法人单位，还全面拓展了资金供给侧，为本地企业提供金融服务的所有持牌机构，包括银行、股权投资机构、保险、担保、金融租赁等，旨在打造一个全面对接企业融资需求、"债权"+"股权""线上"+"线下"的一站式综合金融服务。截至2020年3月中旬，平台已集聚8个领域50余家金融机构，组建了近200人的专业金融服务顾问团队，实现融资需求在线实时对接、1个工作日响应，并依托线下"百行千人进万企"活动，提升对接效率。

智能化、开放化是"园易融"平台的重要特点，下一步，平台将依托政企数据和科技创新优势，加速"企业画像"功能开发，分析企业融资能力，匹配金融产品，为金融机构制订智能化普惠金融方案提供参考，打造主动型金融服务模式。各家金融机构可依托"园易融"，融入园区产融资本中心建设，打通股权融资、供应链金融、物流金融、第三方云服务等资源，推动金融服务数字化转型，让服务创新更贴近客户，助力园区投融资服务体系"智慧"升级。

6.4 产融合作试点经验启示

为了解决制造业存在的大而不强、创新能力不足、关键核心技术对外依存度高等问题，苏州市将产融合作工作重点放在全面提升服务产业机构、金融机构的能力和水平上，并取得明显成效。以下内容值得借鉴。

一是创新财税金融保障机制。推进财政支持深化民营和小微企业金融服务综合改革试点城市建设，深化财政支持实体经济金融综合服务改革。完善基础设施及公共服务领域政府和社会资本合作模式（PPP），鼓励国有企业通过公募不动产投资信托基金（REITs）有效盘活存量资产。鼓励土地综合开发利用，推进以公共交通为导向的开发方式（TOD），存量换增量，开展差异化收费，探索征地拆迁费作价入股。发挥财政资金引导作用，以苏州综合金融服务平台、地方企业征信系统、股权融资服务平台为核心载体，努力为金融机构与民营、小微企业融资牵线搭桥，完善针对企业融资需求的支撑政策。

二是注重政府对产业机构、金融机构的服务能力。政府设立产业引导基金，助力金融推动全区产业发展。充分发挥政府产业引导基金功能，培育各市场主体投资动力，撬动更多社会资本投向鼓励发展的战略性新兴产业和其他重点领域。产业引导基金立足于全市主导产业和功能片区，对接全球知名的基金管理机构和行业龙头企业，将他们拥有的产业资源引进苏州，实现对产业支持的最大化。其中，基金管理机构从产业链、价值链上进行投资，实现相关项目的加速落地，助推产业发展；龙头企业则从产业发展的人才链、创新链的角度出发，发挥行业引领、集聚作用，从而带动上下游配套企业，营造产业集聚氛围。

三是撬动“资金链”，引导金融机构愿贷敢保。其一是设置“科技+银行”专项奖补资金池，撬动信贷资金链。政府设置科技贷款风险补偿基金、信用保证基金、科技贷款贴息等专项奖补资金池，每年更新并下发《苏州市科技金融计划项目的通知》，通过“政府补偿+银行信贷”风险共担的模式，对科技信贷所产生的损失进行补偿。其二是设置“科技+保险”专项财政补贴，撬动保险资金链。苏州市科技局联合财政局、苏州银保监分局建立并优化科技保险费专项财政补贴政策，将研发责任保险、关键研发设备保险等13类科技保险险种纳入市级科技金融支持范畴，给予保费补贴，引导科技型中小微企业投保，从而缓释研发经营风险。其三是设置“科技+投资”专项引导基金，撬动股权资金链。设立苏州市天使投资引导基金、投贷联引导基金，通过奖励补贴、阶段参股、风险补偿等方式撬动社会资本项目研发初期投入，构建科技成果从开发到应用的全方位服务模式。

7 无锡市产融合作试点分析

2020年，无锡市入选第二批国家产融合作试点城市。在入选之前，无锡市已有深耕厚植产融合作的优势。无锡市以金融服务实体经济的平台为抓手，夯实产融合作基础，在平台上孕育丰富的金融产品，集聚第三方银行、证券等机构，推陈出新，不断完善服务模式、调整金融策略，将金融活水注入实体企业，助力实体经济高质量发展。

7.1 基本发展概况

无锡市北倚长江、南濒太湖，是江苏省的省辖地级市，是苏锡常都市圈的重要组成部分，被誉为“太湖明珠”。无锡市古称梁溪、金匮，是国务院批复确定的长江三角洲地区中心城市之一、重要的风景旅游城市。无锡市下辖5个区、代管2个县级市，总面积4627.47平方千米，建成区面积552.13平方千米。根据第七次全国人口普查数据，无锡市常住人口约746万人，其中城镇常住人口约618万人，城镇化率为82.79%。

无锡市是我国民族工业和乡镇工业的摇篮、苏南模式的发祥地。厚重的文化与工业历史底蕴，造就了无锡市在新时代发挥产融合作作用的生动局面。

7.1.1 产业现状

2019年，无锡市地区生产总值11803.32亿元。其中，第一产业增加值122.51亿元，第二产业增加值5578.88亿元，第三产业增加值6101.93亿元。到2021年，实现地区生产总值14003.24亿元，较2019年增长18.64%。其中，第一产业增加值130.33亿元，第二产业增加值6710.50亿元，第三产业增加值7162.41亿元。①

从经济增长速度来看，无锡市在2019年以前几年增长速度基本保持在7%以上，2019年增长率为6.7%。受新冠病毒感染疫情冲击，2020年增速下滑至3.7%，2021年又回升至8.8%（见图7-1）。②

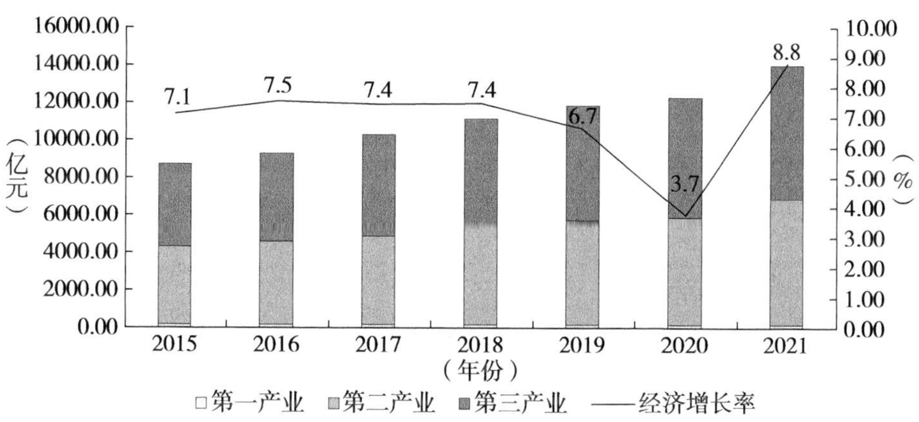

图7-1 2015—2021年无锡市地区生产总值及经济增长率

从产业结构来看，无锡市以第二产业和第三产业为主，两者规模差距不大。2019年，第一、第二、第三产业增加值占地区生产总值比重分别为1.03%、47.48%、51.48%。到2021年，变为0.93%、47.92%、51.15%（见图7-2）。

	2015年	2016年	2017年	2018年	2019年	2020年	2021年
第一产业（Primary Industry）	1.4%	1.4%	1.3%	1.1%	1.0%	1.0%	0.9%
第二产业（Secondary Industry）	47.5%	47.4%	47.1%	47.4%	47.3%	46.4%	47.9%
第三产业（Tertiary Industry）	51.1%	51.2%	51.6%	51.5%	51.7%	52.6%	51.2%

图7-2 2015—2021年无锡市三大产业增加值占地区生产总值比重

① 数据来自《无锡统计年鉴2022》。

② 无锡市经济增长率按照可比价格计算，2015—2018年数据来自2016—2022年的无锡统计年鉴。

从行业发展来看，无锡市主要是以物联网产业为龙头引领，带动发展新一代信息技术产业和新兴产业，包括数字经济核心产业、集成电路产业、大数据和云计算产业等。2019年12月27日，无锡市召开“关于加快推进‘三大经济’高质量发展”专题新闻发布会，正式明确以数字经济、总部经济、枢纽经济作为未来发展的主要方向，可见居于首位的数字经济是无锡市未来产业结构搭建的重点。

无锡市瞄准了国家未来在创新技术领域需要破势发展的创新技术产业，在以物联网产业为核心的上下供应链产业发展方面进入了国家第一梯队。由于无锡市大力培育发展战略性新兴产业成效明显，2019年获得了国务院办公厅通报激励。“十三五”时期，无锡市战略性新兴产业占规模以上工业产值比重达36.9%，较2015年提高13.5个百分点，建成超千亿元产业集群8个；数字经济核心产业规模达5500亿元；物联网产业营收增至3100亿元，规模排在江苏省的第一，总量占全省1/2、全国1/4，“十三五”时期年均增速超20%；[①]集成电路产业产值仅次于上海市，增至1350亿元，位居全国第二，“十三五”时期年均增速超15%；大数据和云计算产业销售收入增至280亿元。在科技平台建设方面，获批首个国家级车联网先导区，国家智能交通综合测试基地正式启用。启动建设太湖湾科创带，建成国家超级计算无锡中心、国家集成电路特色工艺及封装测试创新中心、国家“芯火”双创基地（平台）、无锡先进技术研究院等重大创新平台，支持“奋斗者”号、神威·太湖之光等重大原创科技成果研发落地，深海技术科学太湖实验室获批省实验室。

7.1.2 金融服务业现状

无锡市金融服务业一直处于高速发展态势，2021年金融服务业增加值为1159.99亿元（见图7–3），社会融资规模增量3672.42亿元，新增14家境内外上市公司，累计达176家。全市现有银行业金融机构50家，保险机构82家，

① 《江苏举行庆祝中国共产党成立100周年系列发布活动——经济发展专场发布会》（http：//www.scio.gov.cn/xwfb/dfxwfbh/gssfbh/js_13835/202207/t20220716_234552.html）。

证券期货机构184家，VC/PE股权投资机构144家，融资担保、典当、融资租赁等地方金融组织141家，基本形成银行、保险、证券等各业并举，国有、民营金融机构并存发展的格局。科技创新体系优化完善。

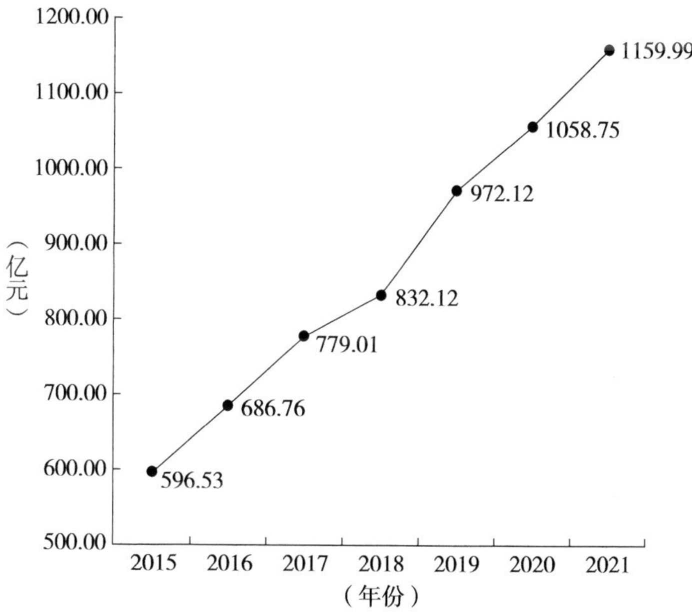

图7-3 2015—2021年无锡市金融服务业增加值

7.2 产融合作试点成果

7.2.1 试点前的产融合作基础

（1）产业基础

早在试点开始前，无锡市就一直实施建设“产业强市”战略，有了雄厚的产业基础。2019年，无锡市获批建设全国首个国家级车联网先导区；集成电路产业产值和软件产业销售收入继上年突破千亿元，有100个智能化建设重点项目完成投资超过200亿元，新增国家级智能制造项目3个、省级示范智能车间29个；大数据和云计算产业业务收入增长30%左右，2家企业入选

“2019中国大数据企业50强”；生物医药产业产值增长17%左右，无锡市与哈佛医学院开展深度合作，无锡国际生命科技创新园正式开园；大力推动产学研用一体化，江苏省产研院智能集成电路设计技术研究所签约落户；成功举办2019世界物联网博览会、第十一届中国（无锡）国际新能源大会等展会；新承担国家和省各类科技计划项目219项。高新技术企业数量增加到2794家，雏鹰、瞪羚及准独角兽入库企业分别达到807家、563家和39家。

（2）金融基础

为了打造金融强市和区域性金融中心，无锡市一直以来都在不断增强区域性中心城市功能，大力推动金融服务实体经济。

2019年，无锡市社会融资规模增量预计达到2200亿元，超出年度工作目标500亿元，其中新增银行贷款1437亿元，高出年度目标537亿元，创近十年来信贷增长的最好水平。重点行业领域金融支持有力，全年新增制造业贷款139亿元，高出年度目标59亿元，制造业贷款余额占比和新增占比分别为24.6 %和10.6%，均居全省首位。民营企业贷款新增414.7亿元，增速10.6%，新发放民营企业贷款占公司类贷款比重达53.5%。年末全市共有证券公司2家，证券营业部157家。全市有8家融资担保机构被评为A级，A级机构占比超全省平均38个百分点，1家融资担保机构信用评级为AAA。

2020年，江苏证监局无锡监管办公室正式挂牌，成为全国首家市级挂牌的证监分支机构。首家台资银行上海商业储蓄银行无锡分行顺利开业运营，涵盖多种所有制的银行体系更加健全完备。稳步推进宜兴创建国家绿色金融改革创新试验区和无锡金融租赁公司申报。政府性融资担保体系逐步完善，无锡市率先实现市、市（县）两级政府性融资担保机构全覆盖。

（3）产融合作基础

无锡市产融合作已经打下坚实基础。持续完善资本市场服务，实施长三角资本市场一体化发展战略，与上交所、深交所、省高投等签署战略合作协议，上交所苏南基地、深交所无锡路演中心、长三角资本市场服务基地无锡分中心落户无锡市。2019年，支持企业通过资本市场开展股权、债权融资，全年直接融资发生额1094.4亿元。全年新三板企业挂牌5家，累计挂牌273家。

在服务平台方面，无锡市已经开始运行产融合作基础设施——无锡市中小企业转贷应急资金管理平台和无锡综合金融服务平台。

2013年，无锡市政府办公室印发《无锡市中小企业转贷应急资金管理暂行办法》，设立无锡市“中小企业转贷应急资金”，专门建立了无锡市中小企业转贷应急资金管理平台，开展融资服务业务，形成无锡市产融合作的雏形。截至2022年8月，无锡市中小企业转贷应急资金管理平台已累积服务企业超过9000家、企业申请转贷13000多笔，解决转贷需求累计超过900亿元。[①]中小企业转贷应急资金业务一直是无锡市产融合作发展的坚实基础和动力源泉。中小企业转贷应急资金是无锡市在全国率先推出的为企业融资服务的创新举措，设立时总额为1亿元，主要用来化解中小微企业在转续贷中的资金压力，解决中小微企业转续贷中的“过桥难”“过桥贵”困难。

自中小企业转贷应急资金创立至无锡市入选产融合作试点城市之前，无锡市一直在不断地根据转贷应急资金的实际运营情况和中小企业诉求调整政策和措施手段。例如，2019年无锡市修订完善了《无锡市中小企业转贷应急资金管理办法》，对资金使用费率、申请额度、自筹比例和管理机制等方面进行了调整，以更加适应广大中小企业的需求，更好地发挥政策效应，提高资金效益，营造更好的营商环境。2013—2019年，无锡市中小企业转贷应急资金管理平台累计共为6467家企业办理10017笔转贷资金，累计使用转贷资金614.18亿元，续贷683.53亿元。其中，2019年为无锡市896家中小企业办理1266笔转贷应急资金业务，累计使用转贷应急资金91.88亿元，续贷总金额达到102.95亿元，为无锡市顺利入选第二批国家产融合作试点城市打下了坚实基础。[②]

2018年12月，无锡综合金融服务平台正式上线。“普惠贷”业务是无锡综合金融服务平台上主要的金融服务产品。该产品源自2019年11月出台的

① https：//mp.weixin.qq.com/s?__biz=MzIwMDAxMjQxNw==&mid=2650455763&idx=2&sn=4de278ba1c596e09c0552dcec78a8d27&chksm=8e8db93db9fa302b622c6fd4255006ef9da0e6fed88365064b8156a80851b6fff926a6ac5af4&scene=27。

② 《无锡市修订〈中小企业转贷应急资金管理办法〉》（http：//czt.jiangsu.gov.cn/art/2019/12/31/art_77300_9095062.html）。

《无锡市“普惠贷”风险补偿业务管理实施细则（试行）》，为无锡综合金融服务平台专项配套信用贷款，与同类产品相比，拥有门槛低、覆盖面广、补贴政策实三大竞争优势。“普惠贷”以信保基金作为增信手段，由信保基金为银行信贷本金损失进行补偿，促进了金融机构对普惠金融信贷的支持力度。“普惠贷”风险分担机制分有两种：信保基金与银行模式，其风险分担比例为8∶2；信保基金、银行、担保（保险）机构模式，其风险分担比例为6∶2∶2。“普惠贷”业务经过一年的运营，2020年实现放款46.3亿元，惠及企业1613户，新增贷款金额在无锡市信保基金金融产品中排名第一。加权平均利率4.42%，较同期全市人民币贷款加权平均利率低0.22个百分点，低于无锡市普惠口径小微贷款利率0.54%。①

7.2.2 试点中的产融合作实施方案

无锡产融合作试点主要从以下三方面展开。

一是凸显金融赋能作用。持续深化金融供给侧结构性改革，加强对宏观金融政策的研究，发挥政策引导作用，精准落实各项金融政策措施。聚焦实体经济融资需求，加大金融供给，引导更多的金融资源投向“新基建”“三大经济”等无锡市实体经济重点领域。加力推动普惠金融发展，继续发挥好无锡综合金融服务平台、政府性融资担保等作用，推动提升普惠金融水平。

二是做好直接融资服务。支持企业通过资本市场开展债权、股权融资，优化企业融资结构，降低融资成本。把握好国家资本市场改革发展机遇，发挥好上交所苏南基地、深交所无锡路演中心、“创投无锡”融资路演等载体作用，大力培育拟上市企业，启动企业上市倍增计划，推动更多成长性强、运作规范、创新能力突出的企业进入资本市场，持续新增境内外上市企业。

三是推进金融创新开放。承办各类高端金融工作会议。深化与上交所、深交所等战略合作，引导企业用好资本做大做强，争创江苏省上市公司高质

① 《“普惠贷”滋润无锡“幼苗”企业 去年累计实现“首贷”企业883户》。

量发展示范区，打造无锡市高质量上市公司板块和集群。推动金融对外开放，积极引进境内外优质金融机构，争取合格境外有限合伙人试点。争创国家科创金融改革试验区和科技保险创新示范城市。

7.2.3 试点后的成果

2021年是无锡市入选第二批国家产融合作试点城市的首年。无锡市在产融合作方面稳中求进，围绕凸显金融赋能作用、做好直接融资服务、推进金融创新开放三个方面促进产融合作。具体情况包括不断完善金融服务平台功能，充分利用无锡综合金融服务平台释放金融活力。截至2021年年底，无锡综合金融服务平台新增注册企业13444户；新增授信254.29亿元，新增“普惠贷”放款90.81亿元，累计放款金额突破130亿元，贷款加权平均利率4.52%，低于全市普惠口径小微贷款利率0.41个百分点，超额完成了年度目标，有效缓解了企业“融资难”“融资贵”等问题。2021年12月，无锡综合金融服务平台二期项目开发验收顺利通过，进一步提高了服务支持能力，能够为产融合作提供高效信息支持。①

通过初期发力，无锡市在金融服务、金融平台搭建方面做到了有效衔接，在试点前规模的基础上提质增效。2021年，无锡市提出努力争创国家科创金融改革试验区和科技保险创新示范城市，其在金融创新、金融开放方面还亟待加强，需在原有的金融业务以及金融产品基础再创新、再开放，更加贴合新时代需求，制定出更有新意的金融政策，满足市场不断发展的经济需要。

7.3 案例：绿色金融产品创新

无锡市积极创新绿色金融产品，通过绿色贷款、绿色债券等创新业务进一步提升产融合作水平，助力绿色低碳发展。

① 《无锡综合金融服务平台架起银企合作桥梁》。

7.3.1 工商银行无锡分行助力产业园区绿色升级

为保护长江流域自然生态系统，提高土地资源利用率，工商银行无锡分行为江阴高新区微电子产业园（一期）更新改造项目提供贷款，助力园区产业结构转型升级。2021年第一季度顺利完成15年期13.1亿元项目贷款审批，首笔6.69亿元贷款已投放到位。[①]江阴高新区微电子产业园建成后，依托周边的江苏长电科技、中芯长电、星科金朋等国内集成电路封装测试头部企业，可实现产业结构高端化、产业发展集聚化、产业竞争特色化，全面打造江阴高新区微电子产业集聚基地、产业转型高地。

7.3.2 兴业银行无锡分行成功落地无锡市首笔“节水贷”[②]

无锡荣成环保科技股份有限公司以废纸作为原材料生产再生环保纸，连续多年荣获省、市“节水型企业”“节水标杆企业”“水效领跑者”等荣誉称号。兴业银行无锡分行与该企业长期合作，授信额度已提升至1.5亿元，助力企业通过技术升级改造实现水资源高效利用。

在2020年企业复工复产的关键阶段，兴业银行与江苏省水利厅、省财政厅共同推出节水型企业复工复产专项贷款。无锡分行把该企业作为首批签约单位，进一步坚定了企业绿色发展的信心与决心。

7.3.3 中信银行无锡分行、光大银行无锡分行助力无锡地区碳中和债首单落地

2021年6月23日，由中信银行无锡分行牵头、光大银行无锡分行联席主承销的无锡地区首笔碳中和债成功发行。该笔债券为无锡市交通产业集团有限公司2021年度第三期绿色中期票据，发行规模1亿元，期限3年，主体评级AAA，票面利率3.57%，募集资金专项用于低碳减排领域。按募集资金使用占总投资比例折算，预计全年可节约标准煤327吨，协同二氧化碳减排量495.09吨。

---

① 《工商银行发力绿色金融助推无锡“碳中和先锋城市”建设》。

② 《兴业银行无锡分行成功投放首笔节水型企业复工复产专项贷款》。

7.4 产融合作试点经验启示

建立全市综合性的金融服务平台。创立全市范围内的综合性一体化金融服务平台，有利于将各方金融资源汇集流入全市金融盆地，形成多方相互联络的信息桥梁。无锡市在这方面做了优质样板，包括建立无锡综合金融服务平台、无锡市中小企业转贷应急资金管理平台等。通过政府牵头，汇聚全市银行、保险公司、证券公司等机构的金融资源，在平台上搭建金融产品舞台，让企业对金融产品有更多选择，适合企业发展的融资需求得以凸显，从而提高多方的对接效率。综合性的金融服务平台可以将碎片化的金融资源聚集起来，同时有政府的行政监管，各方利益都得到保障，达到了降成本、展业务、提效率、控风险的目标。

加大对新兴产业的金融支持力度。通过金融手段大力扶持新兴产业，可为产融合作的发展建设持续发力。新兴产业是一座城市未来产业方向的重要突破口，有限的金融资源务必用在刀刃上，从而提振新兴产业发展活力。无锡市通过产融合作，大力支持战略性新兴产业发展，积极落实普惠金融服务理念，促进金融资源向传统产业转型升级和战略性新兴产业集聚，使得新兴产业由快速发展进入新时期、新阶段的高质量发展阶段，为无锡市未来产业结构塑形，实现新兴产业的可持续发展。可见，应在新兴产业的产融合作方面多做文章，不断壮大新兴产业。通过产融合作的强力保障，新兴产业将由小变大、由弱变强，为一座城市产业布局注入新鲜“血液”。

推进实施绿色产融合作项目。绿色发展是当今发展的主旋律，国家大力推行绿色发展战略需各地政府积极作为。无锡市将绿色发展理念融入金融业务中，致力于推出绿色金融产品，实现绿色与金融的深入融合。无锡市在绿色金融方面推陈出新，创新性地将绿色金融的理念实实在在地转化为服务于企业的优质金融产品。在绿色保险保障、落地碳中和债、节能环保等方面开展金融业务，在帮助企业转型发展的同时，节约了能源消耗并降低了碳排放，以实际行动树立和践行了绿色生态文明发展理念。

8 成都市产融合作试点分析

2016年，成都市入选第一批国家产融合作试点城市，多年来积极推进、主动作为，持续强化金融产业的支撑作用，营造产业与金融良性互动、互利共赢的生态环境，促进产业提质增效、转型升级。

8.1 基本发展概况

成都，别称蓉城、锦城，作为四川省省会，是副省级市、超大城市、成渝地区双城经济圈核心城市，国务院批复确定的中国西部地区重要的中心城市，国家重要的高新技术产业基地、商贸物流中心和综合交通枢纽。截至2020年，全市下辖12个区、5个县级市、3个县，总面积14335平方千米。第七次全国人口普查结果显示，成都市常住人口为2093.78万人。

成都市地处四川盆地西部、成都平原腹地，境内地势平坦、河网纵横、物产丰富、农业发达，自古有“天府之国”的美誉，拥有国家级科研机构30家，国家级研发平台67个，高校65所。成都市是全国十大古都和首批国家历史文化名城，古蜀文明发祥地。拥有都江堰、武侯祠、杜甫草堂等名胜古迹。

8.1.1 产业现状

2015年，成都市地区生产总值10662.3亿元。其中，第一产业增加值414.0亿元，第二产业增加值4210.9亿元，第三产业增加值6037.4亿元。经过6年发展，2021年实现地区生产总值19917.0亿元，较2015年增长86.8%。其中，第一产业增加值582.8亿元，第二产业增加值6114.3亿元，第三产业增加值13219.9亿元。

从经济增长速度来看，成都市在2015—2019年平均增长率为7.9%。受新冠病毒感染疫情冲击，2020年增速下滑至4.0%，2021年又回升至8.6%（见图8-1）。

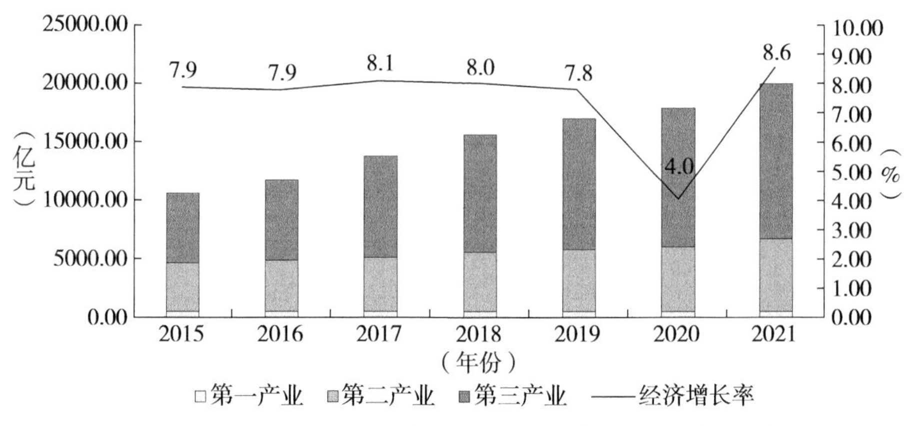

图8-1 2015—2021年成都市地区生产总值及经济增长率

从产业结构来看，成都市以第三产业为主导产业的趋势日益明显。2015年，第一、第二、第三产业增加值占地区生产总值比重分别为3.9%、39.5%、56.6%。随后，第一、第二产业比重继续缩小，到2021年，第一、第二、第三产业增加值占地区生产总值比重变为2.9%、30.7%、66.4%（见图8-2）。

	2015年	2016年	2017年	2018年	2019年	2020年	2021年
第一产业（Primary Industry）	3.9%	4.1%	4.1%	3.7%	3.6%	3.7%	2.9%
第二产业（Secondary Industry）	39.5%	35.5%	32.3%	30.8%	30.5%	29.9%	30.7%
第三产业（Tertiary Industry）	56.6%	60.4%	63.6%	65.5%	65.9%	66.4%	66.4%

图8-2 2015—2021年成都市三大产业占地区生产总值比重

从行业发展来看，成都市着力构建“5+5+1”产业体系，即电子信息、装备制造、医药健康、新型材料、绿色食品五大先进制造业，以及会展经济、金融服务、现代物流、文化旅游、生活服务五大现代服务业和新经济，并积极创新要素供给、培育产业生态。

其中，五大先进制造业主要聚焦高端绿色智能，进一步提升先进制造业能级。在电子信息方面，成都市是信息产业国家高新技术产业基地、中国软件名城、国家集成电路设计产业化基地、国家信息安全成果产业化基地、国家“芯火”双创基地、国家网络视听产业基地、国家超高清视频产业基地、海峡两岸产业合作无线城市试点城市。在装备制造方面，成都市装备制造产业基础雄厚，其中汽车产业保持快速发展态势，已成为全市主导产业之一，成都市是一汽大众、一汽丰田、吉利、沃尔沃、标致雪铁龙等国内外知名企业的重要生产基地；成都市是我国重要的航空研发制造业战略基地之一，已建成较完整的产业体系，形成了较强的飞机整机及大部件研制、航空电子及零部件研制、航空维修及服务等方面的能力；轨道交通产业领域涵盖科技研发、勘察设计、工程建设、装备制造、运营管理和养护维修、教育培训等，并聚集了西南交大、电子科大、中铁二院等高校及企业。在医药健康方面，成都是国家级生物医药研发创新产业基地、国家首批医药出口基地、国家生物医学材料及医疗器械高新技术产业化基地、国家（成都）生物医药产业创新孵化基地和重大新药创制国家科技重大专项成果转移转化试点示范基地，基本建立起了从新药筛选、安全性评价、临床研究到生产的全产业链，建立了适宜生物医药产业发展的生态环境。在新型材料方面，成都市是“国家高性能纤维高新技术产业基地”，拥有四川大学、中科院成都有机化学研究所、[①]银河磁体等高等院校、科研机构和企业。在绿色食品方面，成都市拥有巨大的消费市场空间，已形成门类齐全的食品产业体系，已有中粮集团、中国水产集团、中国种子公司、可口可乐等企业。

① 现为中国科学院成都有机化学有限公司。

五大现代服务业主要聚焦高价值高品质，进一步提升新兴服务业质量。在会展经济方面，成都市是中西部第一、全国前列的中国会展名城。在金融服务业方面，截至2021年年末，成都市共有证券公司4家、期货公司3家、证券投资咨询公司3家、证券公司分公司65家、基金公司分公司13家、证券营业部207家、期货营业部26家。[①]在现代物流业方面，成都市是国家规划的21个物流节点城市和37个流通节点城市之一。在文化旅游方面，成都市拥有都江堰、青城山、金沙遗址等著名景观。在生活服务业方面，成都市围绕建设美丽城市创造美好生活，塑造"生活城市"标识，全力打造"成都休闲、成都服务、成都消费"品牌。

8.1.2 金融业现状

近年来，成都市积极推进国家西部金融中心建设，制定出台了《关于进一步加快建设国家西部金融中心的若干意见》。"十三五"期间，成都市金融业保持健康快速发展态势，金融产业绩效持续向好，金融改革创新全面深化，服务实体经济能力不断增强。2021年全市金融业增加值2271.60亿元，较2015年的1254.23亿元增长81.12%（见图8-3）。

"十三五"期间，成都银行、华西证券先后上市，成都农商银行回归国有，唯品富邦消费金融公司获批筹建，法人金融机构实力进一步增强。中西部首家市级再担保公司成立，国有控股融资担保公司注册资本金翻番，商业保理公司实现"零的突破"，地方金融组织持续提质增效。获批数字人民币试点和金融科技创新监管试点，金融科技创新监管试点完成首批测试项目申报，农村金融服务综合改革试点圆满收官。"铁银通"铁路运单金融化创新、"自贸通"综合金融服务、分布式共享模式实现"银政互通"3项案例成功入选全国自贸区最佳实践案例和改革试点经验，2019—2020年，成都市位居第三批自贸区"金融管理与服务创新"第1名。

① 数据来自成都市统计局（http：//cdstats.chengdu.gov.cn/cdstjj/uploads/20230222161346k5uiy2uqiaf.pdf）。

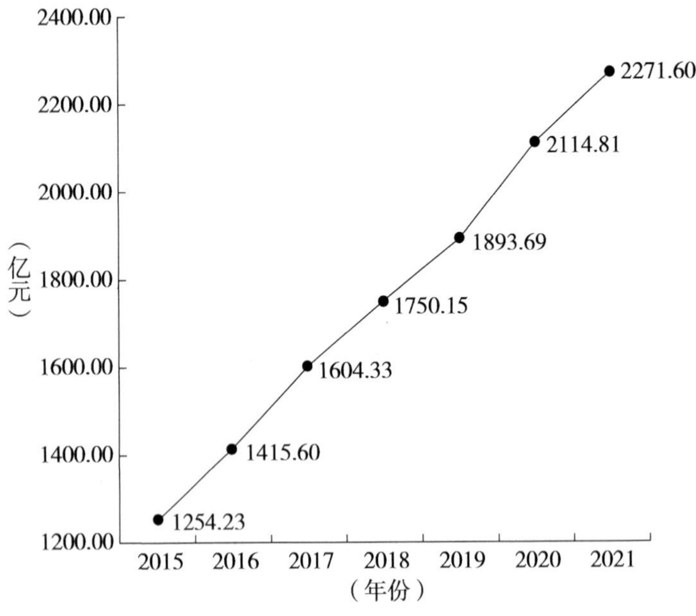

图8-3　2015—2021年成都市金融业增加值

数据来源：各年《成都统计年鉴》。

8.2　产融合作试点成果

8.2.1　试点前的产融合作基础

（1）产业基础[①]

成都市企业发展势头良好，资金需求旺盛。截至2015年年末，成都市市场主体实有户数1247333户，在副省级城市中仅次于深圳市、广州市；总注册资本首次超过3万亿元，仅次于深圳市，排名升至副省级城市第2位。根据《成都2015年度市场主体发展情况报告》显示，成都市2015年新登记市场主体248583户，比2014年增长超过三成，增速高出全国平均水平19.29个百分点；同时，新增注册资本6545.93亿元，相较2014年实现翻番。

① https：//www.ybxww.com/news/html/201603/216664_11.shtml。

从行业分布看，成都市现代服务业发展尤为迅猛。其中，以创新作为核心竞争力的科学研究和技术类企业新登记户数最多，达11034户，全市企业名称中含有“众创空间”“创客空间”“创业孵化器”等字样的管理公司达34家，2015年完成集群注册1059户。此外，金融业和旅游业发展亮点纷呈，金融业新增注册资本总额最大（671.82亿元），旅游业的新登记户数、新增注册资本同比增幅最大（分别为38.24%和341.53%）。企业发展势头迅猛，必然带来较大的融资需求。

（2）金融基础[①]

金融业发展良好，资金供给能力较强。2015 年，全年金融业实现增加值 1254 亿元，占全市地区生产总值 11.6%，在 15个副省级城市中，占比排名仅次于深圳，“十二五”期间年均增长率达到14.4%。

截至 2015 年年末，全市共有各类金融、准金融机构 1800 余家，其中传统金融机构 400 余家，准金融机构 420 余家，金融中介机构 850 余家，金融后台及服务外包机构 170 余家，机构数量跃居副省级城市前列。“十二五”期间，成都市金融市场规模增长迅速，截至 2015 年年末，全市本外币各项存款余额 3.03 万亿元，较 2010 年年末增长 91.6%，本外币各项贷款余额 2.3 万亿元，较 2010 年年末增长 74.4%；2015 年全年保费收入 593.4 亿元，较 2010年年末增长 80.8%；2015 年全年累计证券交易额 12.7 万亿元，较 2010 年年末增长2.4倍。本外币存贷款余额及保费收入指标跃居副省级城市第三，金融市场广度和深度得到有效拓展。

截至 2015 年年末，全市共有境内A股上市公司 59 家，新三板挂牌企业 95 家，A 股上市公司总数和新三板挂牌企业总数均居西部第一。2015 年年末，全市共有西南联交所、四川金交所、成都农交所、成都（川藏）股权交易中心等9家地方要素市场。其中，成都（川藏）股交中心是全国唯一一家跨省区的区域性股权交易场所。2015年年末，全市登记备案的投资基金及管理机构 635 家，管理资金规模超过 1000 亿元。2015 年资本市场实现融资 572.5 亿元，较 2010 年有显著提升，融资结构明显优化。

---

①《成都市金融业发展“十三五”规划》。

（3）产融合作基础

为扶持中小企业发展，切实解决中小企业融资难、融资贵问题，成都市在试点前就已开始着手产融合作基础设施建设。2012年，由成都市经信委牵头、成都市中小企业服务中心承建了国家首批中小企业公共服务平台——成都市中小企业公共服务平台。为进一步深化产融合作，2014年升级为成都市中小微企业银企校院“四方”对接服务平台（以下简称“四方”对接平台），通过打造实体大厅、线上平台及流动服务平台整合政策、资金、信息、机构四项资源，为不同成长阶段的中小微企业提供包括金融、科技、市场拓展、人才、信息五大方面的多层次、多元化、多渠道的公共服务。截至2015年12月，“四方”对接平台与全市70余家金融机构达成合作，收集近2000家企业融资需求，组织、协调金融机构与企业对接300余家（次），成功为中小微企业对接融资超过5亿元。①

8.2.2 试点中的产融合作实施方案

2017年7月，《成都市人民政府办公厅关于印发2017年成都市产融合作试点工作推进方案的通知》（成办函〔2017〕118号）。

（1）试点目标

成都产融合作以建成全国一流的产融合作试点城市为总目标，提出了产业发展目标、金融服务目标、创新发展目标、就业目标四大目标。其中，产业发展目标提出，力争全市规上工业增加值增速达到8%，全口径产业主营业务收入突破1.7万亿元，工业全员劳动生产率达到30万元/人，单位工业增加值能耗较2015年下降5%。金融服务目标提出，力争全市金融业增加值达到1500亿元，新增上市企业8家，新增新三板挂牌企业70家，新增天府（四川）联合股权交易中心挂牌企业260家，新增入库拟上市企业超过500家，直接融资额达到2500亿元。

（2）试点内容

试点方案提出了大力支持先进制造业发展、创新金融产品和金融服务、

① 数据来自对成都相关工作局工作人员调研。

实施差别化信贷政策、用好政府产业投资引导基金、促进中小企业融资、降低制造业企业融资成本、提高制造业直接融资比重、完善产融信息合作平台、营造产融合作良好环境九大政策举措。其中，在创新金融产品和金融服务方面，提出发展跨境金融服务、“双创”金融产品、产业链融资、土地增信融资服务等。在促进中小企业融资方面，切实加大“壮大贷”“科创贷”融资支持力度，综合运用贷款贴息、奖励、风险补偿、担保费用补贴等手段。

同时还提出了加强领导、资金保障、严格管理三大保障机制。要求成立市产融合作试点工作领导小组，由市政府主要领导任组长，市政府相关领导任副组长，市经信委、市财政局、人行成都分行营管部、市金融工作局等部门负责人为成员，负责组织推进、统筹协调产融合作试点工作；领导小组办公室设在市经信委，负责日常工作。同时，将产融合作试点工作纳入政府目标管理。

8.2.3 试点后的成果

2019年，全国产融合作工作电视电话会议在北京召开。工业和信息化部王新哲总经济师在讲话中充分肯定了四川省在产融合作试点工作中的成绩，通报表扬了成都市“科票通”的创新实践，成都市在全国产融合作试点城市成效评估中测评突出。

2017—2019年，成都市累计开展对接活动超过400场，参与对接企业超过10000家，涉及融资项目1700余个，参与金融机构超过600家（次），融资需求总计超过3300亿元，实际融资金额超过2200亿元。加入中征应收账款融资服务平台的金融机构58家，融资规模645.5亿元，知识产权质押贷款发生额12.96亿元。根据中基协备案数据，截至2019年9月，成都市成立基金管理机构370家，基金655支，基金规模超过1300亿元。截至2019年9月，成都市已有境内上市企业79家，募集资金1836.01亿元，新三板挂牌企业201家，区域股权市场挂牌企业2014家，境外上市企业24家，企业债券融资合计496.8亿元，优质主体企业债券核准规模居全国前列、西部第一。相关政策性信贷产品服务累计为7500余家企业提供债权融资超507亿元，为32000余家企业提供投融资增值服务，助推80余家企业改制上市。[①]

8.3 案例："科创贷"[②]

作为解决科技型初创企业融资难、融资贵的手段之一，"科创贷"是通过政府资金帮助企业增信，联合银行[③]、担保公司、保险公司开发的科技金融债权融资服务产品，帮助轻资产科技企业利用企业信用、股权、知识产权获得信用贷款，实现快速发展。

在政府引导资金的作用下，"科创贷"为金融机构与企业带来几个方面的重要变化。

一是打通瓶颈，金融机构与创业者双方对接意愿持续增强。过去，轻资产的科技型企业有专利证书、有人才，但这些很难作为贷款的抵押品。而对于金融机构来说，也很难定义企业的技术能力、产品收入、风险程度。那么，"科创贷"的实施，打通了科技型中小企业与金融机构之间的瓶颈。成都中小企业融资担保有限责任公司（以下简称中小担）作为"科创贷"的合作金融机构之一，与多家银行合作，通过"政、银、担、企"四方联动，由政府和担保机构出资共建风险资金池，形成风险分担机制，为科技中小企业提供债权融资服务。"科创贷"一方面引导担保机构投入资金资源，为科技型中小微企业提供切实有效的融资服务，同时发挥资金池的放大作用，引导银行加大对中小微企业的授信额度和支持力度。另一方面通过建立风险分担机制，降低了金融机构的业务风险，因而增强了担保机构、银行为中小微企业提供融资服务的信心和能力。

2016年8月，通过知识产权质押的方式，联帮医疗第一次获得"科创贷"，及时投入研发，为后续业务的快速增长提供了强有力的支撑。截至2019年5月，累计获得科创贷2700万元，贷款余额1000万元。同时，也获得各类

① 《成都在全国产融合作试点城市评估中成效突出，获国家充分肯定！》。

② 《纯信用贷款超41亿！"科创贷"如何助推成都科技金融创新？》。

③ 包括经市金融办批准设立的科技小贷公司。

贷款补贴，大大降低了企业成本。

二是更多金融机构加入“科创贷”朋友圈，扶持成都市中小企业发展效果显现。“科创贷”合作的金融机构数量不断扩大，同时也与不同类型的金融机构建立合作，比如，2018年引入科技小贷公司——锦泓科贷，多类金融机构相互补充，为中小企业融资提供了更多选择。截至2019年5月，“科创贷”已合作15家银行、3家担保机构、1家保险、1家科创小贷，合作的区（市、县）19个，建立了50亿元风险资金池。

以成都银行“科创贷”开展为例，作为全市首家推出科创贷的商业银行，成都银行截至2019年4月，累计为343家科技型中小微企业发放19亿元“科创贷”。

中小担公布的“科创贷”数据显示，通过风险资金池，撬动了8~10倍的信贷资金规模。截至2019年4月末，中小担已累计为710户中小微企业提供“科创贷”支持21.88亿元，这些企业很多是首次在银行获得贷款，社会效益突出。截至2021年年末，已累计为全省20个市（州）的403户企业发放贷款16.37亿元。

兴业银行2018年1月正式签订协议推出“科创贷”，当年3月第一笔“科创贷”就正式发放，到2018年年底，“科创贷”余额达5380万元。截至2020年8月，兴业银行成都分行已通过“科创贷”为72户中小微企业提供了3.12亿元资金支持。[①]接下来，还将进一步扩大合作规模，服务更多科技型企业。

三是推动金融机构多举措加快科技金融产品创新。“科创贷”业务全面开花，金融机构的创新力度也在不断加强，通过创新产品、创新奖励方式等，切实推动资金向中小微企业贷款业务倾斜。

比如，针对不同创业阶段的创业项目，成都银行相继推出创业贷、惠抵贷、园保贷、易采贷等创新性金融产品，根据科技型中小企业实际资金需求，有针对性地提供金融产品。

再比如，兴业银行除了外部加大“科创贷”的推广力度，还从内部激励

---

① 《兴业银行成都分行：聚创新之力支持中小微企业发展》（http：//www.thecover.cn/subject/5134690）。

入手，设立落地奖、转型导向奖、价值客户奖等，调动投资经理推动“科创贷”业务发展的积极性。此外，还从响应迅速、前后联动、绿色通道三方面不断优化“科创贷”的办理流程。

四是推动科技型中小企业重视财务规范。“科创贷”是纯信用贷款，为了预防风险，金融机构在授信评定时会基于财务因素和非财务因素对企业进行分析和考察。申请“科创贷”的科技型企业，应具有较强的研发能力、技术领先优势、良好的市场前景等特点，行业应符合成都市产业发展政策。

科技型中小企业虽然是轻资产运营，但为了长久发展，从一开始就需要财务规范。只有财务规范才能帮助金融机构判断企业的发展前景，这对企业申请“科创贷”及其持续发展是十分有利的。

截至2019年5月，科创通平台上已聚集了28654家科技企业、890余家各类科技服务机构、1908款特色服务产品、2219项科技成果、900个创新资源、66个产业功能区。以此为依托，科创通可以从多个维度为科技企业画像，并根据企业需求，实现与服务机构及创新资源的高效对接，并通过“科创投”“科创贷”“科创贴”“科创券”“科创保”等创新金融产品，多管齐下，让科技型企业在创新创业过程当中的要素匹配与对接更加便利。科创通平台正致力成为“科技版的‘天猫超市’”。

8.4 产融合作试点经验启示

根据建设国家产融合作试点城市相关要求，成都市积极建立健全覆盖市、县两级的工作推进联动机制。

一是形成金融与产业部门的良性互动机制，先后出台了超过20项政策、措施和意见，形成了相对完善的政策保障体系。

二是通过设立以中小微企业贷款风险资金池、科技债权融资风险资金池为代表的财政资金蓄水池，为中小微企业、科技型企业增信，补偿金融机构向企业贷款后发生的损失。

三是通过设立政府引导基金，为产业招引配套资金多样化的运作环境提供政策支持，为本地优质企业培育发展嫁接外部领先技术及资源供给。

四是打造“双创”升级版，创新推出科创投、科创贷、科创贴联动金融服务模式，构建起全方位、多层次金融支持服务体系。

五是创新担保增信模式，助推供应链金融发展，支持本土创投机构加速发展。

9　绵阳市产融合作试点分析

自被列为国家第一批产融合作试点城市以来，绵阳市以军工产业为基础，走出了一条具有绵阳特色的产融合作之路。

9.1　基本发展概况

绵阳市位于四川盆地西北部、涪江中上游地带，是党中央、国务院批准建设的中国唯一的科技城，是四川省第二大经济体和培育壮大的七大区域中心城市 、成渝城市群区域中心城市，重要的国防科研和电子工业生产基地。根据第七次全国人口普查数据显示，全市常住人口为486.82万人。

9.1.1　产业现状

2015年，绵阳市地区生产总值1743.00亿元。其中，第一产业增加值202.00亿元，第二产业增加值844.18亿元，第三产业增加值696.82亿元。经过6年发展，2021年实现地区生产总值3350.29亿元，较2015年增长92.21%。其中，第一产业增加值377.32亿元，第二产业增加值1352.65亿元，第三产业增加值1620.32亿元。①

从经济增长速度来看，绵阳市在2015—2019年增长较快，平均增长率为8.6%以上，2017—2018年在9%及以上。受新冠病毒感染疫情冲击，2020年增速下滑至4.4%，2021年又回升至8.7%（见图9–1）。②

从产业结构来看，绵阳市近年来有所变化。2015年以前，第二产业占据

①② 数据来自《绵阳统计年鉴2022》。

主导地位。2016年，第二产业与第三产业比重相当。自2017年起，第三产业超过第二产业比重。2021年，第一、第二、第三产业增加值占地区生产总值比重分别为11.3%、40.4%、48.3%。与其他试点城市相比，绵阳市第一产业占比较高（见图9-2）。

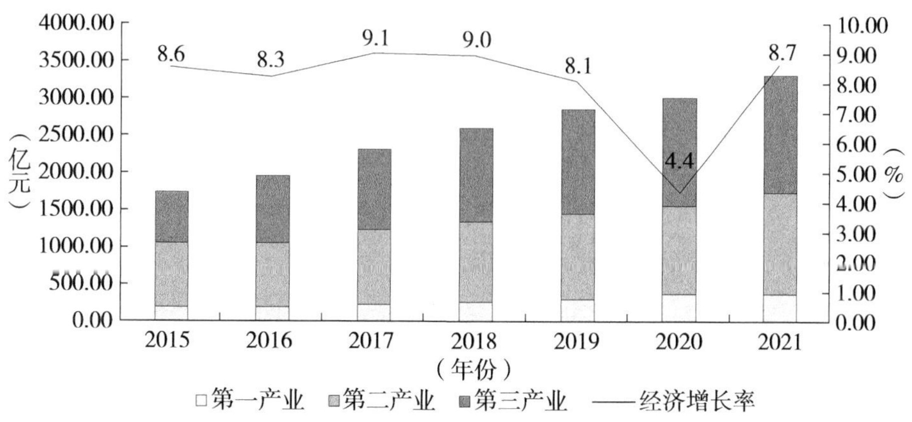

图9-1 2015—2021年绵阳市地区生产总值及经济增长率

	2015年	2016年	2017年	2018年	2019年	2020年	2021年
第一产业（Primary Industry）	11.6%	10.4%	11.3%	10.2%	10.5%	12.3%	11.3%
第二产业（Secondary Industry）	48.4%	44.8%	42.9%	41.7%	40.5%	39.3%	40.4%
第三产业（Tertiary Industry）	40.0%	44.8%	45.8%	48.1%	49.0%	48.4%	48.3%

图9-2 2015—2021年绵阳市三大产业增加值占地区生产总值比重

数据来源：Wind数据库。①

从行业发展来看，绵阳市致力于优先发展制造业，着力构建先进制造产业体系，规划建设先进制造产业功能区，加快建设西部先进制造业强市。2020年

① 绵阳市数据不全，主要依靠Wind数据库查找，其三大产业数据来源主要为《四川统计年鉴》《绵阳统计年鉴》，比重根据绝对值计算，并保留两位小数。

规模以上工业增加值增速全省排位由第8位跃升至第4位；“十三五”期间，实施工业项目714个，工业投资年平均增速达到18.4%，技改投资年平均增速达到20.8%；六大重点产业产值占工业总产值比重达70%，电子信息制造业产值约占全省1/5；全国制造业单项冠军企业和产品3户、国家级专精特新小巨人企业达7户，新增“瞪羚企业”9家，总数达到10家，全省100强大企业大集团9户；规模以上工业企业达1081户，4亿元以上重点工业企业达到130户；①高新区、经开区等11个国省开发区基础设施不断完善，产业承载能力逐步增强。

9.1.2 金融业现状

2021年，绵阳实现金融业增加值137.58亿元。同比增长6.4%，占服务业增加值、地区生产总值比重分别为8.6%、4.1%。金融业对全市经济增长贡献率达3.1%，拉动经济增长0.3个百分点。

一是金融机构种类数量多。全市形成了以银行、保险、证券为主体，基金、小贷、担保、典当等多种新兴金融业态并存的金融产业体系。截至2021年年末，全市共有银行机构32家、保险机构56家、证券期货业机构32家、融资担保机构28家、小额贷款公司15家、典当公司12家，全市金融机构种类数量居四川省地级市第一位，金融从业人员5万余人。二是金融机构总资产多。全市金融机构总资产累计7063.7亿元。三是上市企业暨上市后备企业数量多。现有上市公司13家，包括上交所主板3家、深交所主板5家、创业板1家、北交所1家、港股3家，新三板挂牌企业16家。

9.2 产融合作试点成果

9.2.1 试点前的产融合作基础

绵阳市作为全国首批开展促进科技和金融结合试点的城市，积极以科技

① 《绵阳企业群像》。

创新驱动金融创新，开展科技金融对接，在促进科技成果转化方面进行了积极探索，并取得了明显成效。同时，绵阳市积极设立全国代办股份转让交易平台，科技担保、科技保险工作也蓬勃开展，促进科技和金融结合试点工作取得了初步成效，具备扎实的产融合作基础。

（1）产业基础

2015年，绵阳市第一产业增加值260.05亿元，增长3.8%；第二产业增加值858.93亿元，增长9.3%；第三产业增加值581.35亿元，增长9.4%。三大产业结构为15.29∶50.52∶34.19。

重点工业持续发展。2015年全部工业实现增加值728.03亿元，增长9.7%。其中，规模以上工业企业实现增加值增长10.7%，主营业务收入2415.8亿元，增长9.2%，8个重点产业产值增长11.4%。[①]着力工业强基，加快发展高新技术产业和战略性新兴产业，产值占工业总产值比重分别达45.6%、34%。

现代服务业发展加快。实施“互联网+”制造试点示范行动，大力发展云计算、大数据产业，积极开展“全企入网、全民触网、电商示范”三大工程，培育年交易额超100亿元电商企业3家，电商交易额超过2400亿元，网络零售交易额超过100亿元。

两新产业蓬勃发展。2016年，中物材料等71个两新产业重大项目顺利竣工，九洲北斗地基相位增强技术等关键技术取得重大突破。出台《绵阳市军民融合企业认定管理办法（试行）》。2015年，绵阳市新增军民融合企业83家，总数达446家，实现军民融合企业产值1720亿元。

（2）金融基础

绵阳市金融产业规模不断壮大，体系逐渐健全，为当地产业发展提供有力支撑。2015年年末，金融机构人民币各项存款余额2882.91亿元，比年初增加262.98亿元，其中住户存款1640.86亿元，比年初增加161.27亿元。人民币各项贷款余额1532.85亿元，比年初增加133.89亿元，其中住户贷款516.06亿元，比年初增加10.24亿元。金融改革有序实施，农村信用社改革全面推进，

① 《2015年绵阳市国民经济和社会发展统计公报》。

2015年全市引进各类金融机构15家，包括银行业2家、保险业3家、证券业5家、基金5家，金融机构总数达190家。上市挂牌企业总数达到24家。

（3）产融合作基础

为了精准培育科技型中小企业，绵阳市已经搭建了较为牢固的产融合作基础。自2011年以来，绵阳市积极探索构建了促进科技与金融结合的政策支持体系，探索科技支行的运作模式及探索建立科创金融服务“六专”机制。2014年，学习中关村国家自主创新区“先行先试”经验，出台多条支持政策。同年，绵阳市将科技型中小企业贷款担保风险池由2000万元增至1亿元，并采取知识产权和股权质押贷款等方式，开发出“勿等贷”“科技宝”“精英贷”等10多种科技金融产品。2015年5月，绵阳市科学技术和知识产权局与清科集团联合举办2015绵阳创新创业与投资高峰会，探讨绵阳市未来的产融合作之路。

9.2.2 试点中的产融合作实施方案

绵阳市产融合作以军民融合为特色，以高新技术和战略性新兴产业为主要对象，以金融服务实体经济的效率和能力为目标，拟将绵阳市打造成全国军民融合创新示范基地和特色鲜明的国家产融合作示范城市。

（1）试点目标

绵阳市定下的三年试点目标是基本建立产业与金融机构信息对接机制并有序运转，逐步完善多层次多渠道金融服务体系，进一步提高金融服务产业的能力，有效解决中小企业“融资难、融资贵”等问题。

在金融方面，要求全市金融业增加值年均增长15%左右，到2020年年末达到110亿元，占地区生产总值比重6.5%左右；金融资产总额超过6000亿元，地方金融综合实力显著增强，资产占比达到50%以上；各类金融机构数量突破210家；工业贷款余额年均增长10%；工业贷款余额占全市贷款余额25%；上市挂牌企业达到35家。

在创新能力方面，要求水平显著提升。以科学研究作为发展创新能力的抓手，促进产融合作创新发展。国家级、省级工程技术研究中心分别达到5

个、15个，国家级、省部级重点实验室分别达到9个、18个，国家认定、省认定企业技术中心分别达到8个、68个。提高工业企业对于科技创新的重视程度，R&D（研发）经费支出占主营业务收入比重达到1.84%。

在产业发展目标方面，要求到2019年规模以上工业增加值年均增长10%以上；八大重点产业、高新技术产业、战略性新兴产业分别占规模以上工业比重达到82%、54.63%和39%；军民融合产值年均增长12%，军民融合产值占规模以上工业总产值比重达到53%以上；电子信息产业成长为两千亿元级产业，食品产业成长为500亿元级产业，汽车产业成长为400亿元级产业。

（2）试点内容

绵阳市在产融合作试点期间，主要制定了以下24项任务：搭建产融信息及在线融资对接平台；打通重点企业融资信息服务渠道；完善线下融资培训与对接平台；深化应收账款融资服务；推动企业动产（质）押融资创新；创建国家军民融合金融改革创新试验区；推动军民融合金融产品创新；创新保险产品与服务；开展科技金融产品创新；探索融资租赁创新；开拓境外融资；稳健发展互联网金融；鼓励资本市场直接融资；扩大企业债券融资规模；推进资产证券化创新；扩大产业引导基金规模；加强财政金融互动；支持传统产业转型升级；支持推动企业兼并重组；鼓励实体企业发展金融服务业；增强中小企业融资能力；扎实推进企业信用体系建设；提升企业管理水平；吸引创新创业人才。

9.2.3 试点后的成果

自试点以来，绵阳市金融服务实体经济的质效明显提升，具体体现在以下几个方面。

搭建产融信息共享平台，建立产融信息共享机制。创建针对中小企业融资服务的网站“绵荟融通”，通过采集信用信息、发布融资需求、推送金融产品提高银企对接效率。截至2020年年底，累计收集并向金融机构推送超过1200亿元融资需求。举办针对不同地区、产业、重点领域的银企对接会。大力推广四川省“天府信用通”平台，充分发挥各个平台融资促进作用。

创新金融产品服务，拓宽企业融资渠道。2015年，人民银行会同工信部在绵阳市展开应收账款融资服务试点。2017年，为了规范试点，制定《绵阳市应收账款融资服务深化试点工作方案》，开展小微企业应收账款融资专项行动，引导金融机构创新产品与服务，最终形成以供应链核心企业带动为特点的“应收账款融资长虹模式”。2021年6月末，绵阳市以核心企业为主体的应收账款平台累计实现融资2490笔，金额456.24亿元，其中，小微企业成交698笔，金额181.62亿元，占融资总额的39.81%。创新科技信贷融资方式，通过专利权质押融资贴息、政府风险补偿、平台合作等方式，推出“仪器设备贷”等多种产品。

发挥政府投资引导基金的产业支持效应。截至2020年年底，产业引导基金已发起和出资设立的兴绵基金、县域基金、帮扶基金和聚九基金4支子基金，认缴规模合计18.2亿元，累计实缴出资8.13亿元，达到认缴总规模的44.7%；累计完成投资项目13个，投资总额7.28亿元，有效促进了绵阳市实体经济高质量发展。

强化企业上市，推动军民融合产业集群发展。一是狠抓企业上市培育。落实《绵阳市推进企业上市挂牌“三年行动计划”》，根据《关于继续实施财政金融互动和鼓励企业直接融资财政政策的通知》，对企业上市挂牌实行过程奖补。建立上市后备企业资源库、上市服务中介及投资咨询顾问机构资源库，已入库后备企业超过100家，入库中介机构超过50家。邀请深交所、上交所专家来绵，实地调研中国兵器工业第五八研究所、龙华光电薄膜、华丰集团等军民融合科技型企业。二是积极拓展债券融资渠道，组织长虹集团、九洲集团、久远集团等重点军民融合企业参加了成都市、绵阳市、泸州市军民融合债券融资发行。

9.3 案例：“仪器设备贷”

绵阳市产融合作试点以科技型企业为重点对象，以高新技术和战略性新兴产业为主要领域，目标是打造成全国军民融合创新示范基地和特色鲜明的国家产融合作示范城市。为了实现这一目标，需要有效化解大多科技型企业由于轻资产、短资金、融资渠道狭窄所引起的融资难题。

针对这一问题，2018年10月，“仪器设备贷”在绵阳市诞生。这是绵阳市在全国首创的一款具有军民融合特色的新型科技金融服务产品，针对科技型企业高知识、高技术、轻资产的特点设计，由“政府+银行+平台”三方合作推出。其中，平台是指四川军民融合大型科学仪器共享平台，负责提供仪器设备全链条共享共用服务。银行是指中国工商银行绵阳分行，负责向贷款企业提供低利率、纯信用贷款。政府参与的是风险补偿环节，由绵阳市财政局建立风险池为企业增信兜底，通过风险分散降低企业获贷门槛。企业通过获得“仪器设备贷”，能够有效减少研发成本，提高科技资源利用效率。

“仪器设备贷”具有时效快、期限长、利率低、无抵押的特点，四川省已有多家科技型军民融合企业从银行获得贷款，资金全部用来购置研发、生产所需的仪器设备，有效提升了绵阳市企业的基础研发和生产制造能力。截至2020年9月，“设备仪器贷”已成功为30余家公司放款3500万元。

9.4 产融合作试点经验启示

绵阳市产融合作试点以军民融合为重点领域，针对科技型企业融资难的痛点，打出多个组合拳。

一是制订目标明确、层次清晰的产融合作计划。为了引导全市金融机构加大对军民融合发展的支持力度，积极探索金融支持军民融合发展的创新路径，加快绵阳科技城的发展，绵阳发布《绵阳市产融合作试点实施方案（2017—2019年）》制定了三个阶段建设规划和目标。其中，第一阶段为全面宣传及联合启动阶段（2017年），重点是建立产融信息及在线融资对接平台、推动应收账款融资工作深化和扩面、基本建立军民融合金融服务体系、深入推进科技金融结合、进一步扩大直接融资比重、基本建立政府产业投资基金体系以及进一步增强中小企业融资能力。第二阶段为协调推进及深化创新阶段（2018年），重点是特色综合性产融服务平台成效明显、持续增强金融业支持实体经济作用、保障军民融合金融改革创新试验区进展顺利、建立更为紧密政银企互动关系、有效发挥政府产业投资基金作用、增强企业信用体系引导作用、实现资本市场直接融资取得重大突破和调整完善产融合作政策和制度。第三阶段为总结验收及推广提升阶段（2019年），重点是不断提升产业融资能力和水平、继续完善政府产业投资基金体系、继续夯实产融合作信用基础、系统总结试点成效和经验模式以及示范推广。

二是设立科技金融专营机构。科技金融专营机构专注服务科技型企业，为军民融合提供充足即时的资金支持，提供规避风险的专业手段，降低信息成本和交易成本，为军民融合跨区域整合提供有力支持。

三是开发具有军民融合特色金融产品。2015年试点应收账款融资，人民银行征信中心、成都分行和长虹集团签订了三方协议，在全国率先构建了核心企业带动供应链中小微企业融资的标准化模式。2018年推出“仪器设备贷”，通过平台共享仪器设备、银行提供信用贷款、政府建立风险补偿方式，解决企业仪器设备购置资金难题，推动协同创新。人民银行绵阳中心支行抓住小微企业信用体系全国试验区、科技与金融结合试点城市的契机，深化信用体系建设，搭建信用信息库网平台，构建银税信息共享机制，推出了“央行科票通”“科创税E贷”金融服务产品。绵阳市银行业根据军民融合企业金融服务的特殊性，创新研发了军民融合企业订单融资贷、技改融资贷、研发融资贷、补贴融资贷、军民融合供E融、军民融合“保贷通”以及科技型小微企业“才升通”“科技宝”等信贷产品。绵阳市保险业为军民融合量身定制“军民宝”“融合宝”“军融保1号、2号、3号、4号”等20多项保险产品，提供综合财产、企业责任、员工意外、融资信贷等风险保障。

10 宜宾市产融合作试点分析

在2017年获评省级产融合作试点城市的基础上，2020年宜宾市成功入选第二批国家产融合作试点城市。自试点以来，通过多样的产融合作方式，切实提高了金融服务产业的能力，推动产业与金融的良性发展。

10.1 基本发展概况

宜宾市地处四川、云南、贵州三省接合部，金沙江、岷江、长江三江交汇处，是国家交通规划南北干线和长江东西轴线的交会点，是全国性综合交通枢纽，是西部陆路重要的物流枢纽城市，是国家“八纵八横”高铁网中“京昆”“兰广”的交会点，是国家确定的成渝城市群沿江城市带区域中心城市。宜宾市素有“万里长江第一城”“中国酒都”“中华竹都”的美誉。共有3区7县，面积1.33万平方千米。第七次全国人口普查显示，常住人口为4588804人。

宜宾市有2200多年建城史、3000多年种茶史、4000多年酿酒史，是国务院命名的国家历史文化名城。宜宾地区历代名人辈出，养育了李硕勋、赵一曼、阳翰笙、唐君毅等无数革命先烈和文坛大师，积聚了多姿多彩的长江文化、酒文化、僰苗文化、哪吒文化、抗战文化、民俗风情文化。

10.1.1 产业现状

2019年，宜宾市地区生产总值2633.1亿元。其中，第一产业增加值277.7亿元，第二产业增加值1324.5亿元，第三产业增加值1030.9亿元。到2021年，实现地区生产总值3148.1亿元，较2019年增长19.56%。其中，第一产业增加值356.1亿元，第二产业增加值1568.7亿元，第三产业增加值1223.3亿元。[①]

从经济增长速度来看，宜宾市在2015—2019年的年增长速度约为8.8%。2019年，经济增长率为8.8%。受新冠病毒感染疫情冲击，2020年增速下滑至4.6%，2021年又回升至8.9%（见图10-1）。[②]

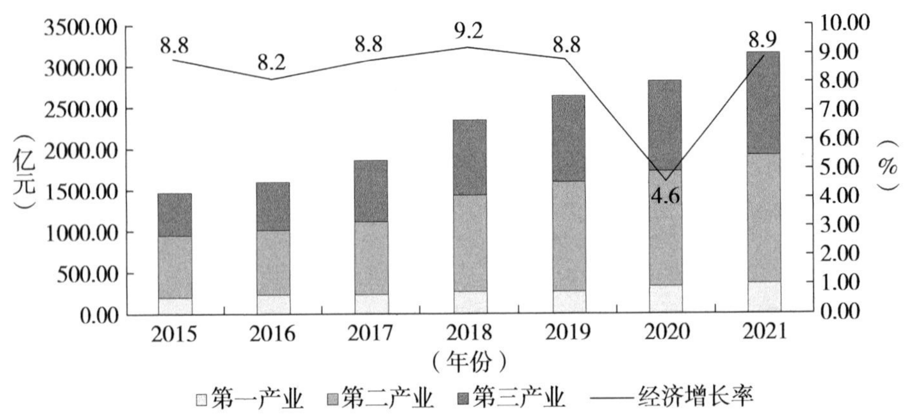

图10-1　2015—2021年宜宾市地区生产总值及经济增长率

从产业结构来看，宜宾市经济发展一直以第二产业为主。2019年，第一、第二、第三产业增加值占地区生产总值比重分别为10.5%、50.3%、39.2%。到2021年变为11.3%、49.8%、38.9%（见图10-2）。

从行业发展来看，宜宾市大力实施“产业发展双轮驱动”战略，即转型升级、做优做强白酒等传统产业，“无中生有”智能终端、轨道交通、汽车、新材料等新兴产业，加快现代工业建设。截至2020年，五粮液实现集团营业收入突破千亿元、股份公司市值突破万亿元“两大跨越”，丝丽雅集团、天原集团营业收入分别突破300亿元。到2020年年末，已引进培育朵唯、苏格、极米等智能终端项目201个、投产129个，智能终端产业园被评为国家级新型

① 数据来自《宜宾统计年鉴2022》，采用四舍五入法保留1位小数。

② 经济增长率按照可比价格计算，2015—2017年数据来自2019—2021年宜宾市国民经济和社会发展统计公报，2018—2021年数据来自《宜宾市2022年国民经济和社会发展统计公报》。

工业化产业示范基地；中车智轨交通产业项目建成投产，全球首条智能轨道快运系统运营线运行良好，中车智轨正式纳入中国城市轨道交通体系；页岩气开采量大幅上升；以宁德时代为龙头的锂电池产业链企业在宜宾市落户。新兴产业规模以上工业企业由2017年的83户增加到2020年的236户，营业收入由2017年的222亿元增加到2020年的900亿元，为宜宾市经济跨越发展注入了强劲动能。

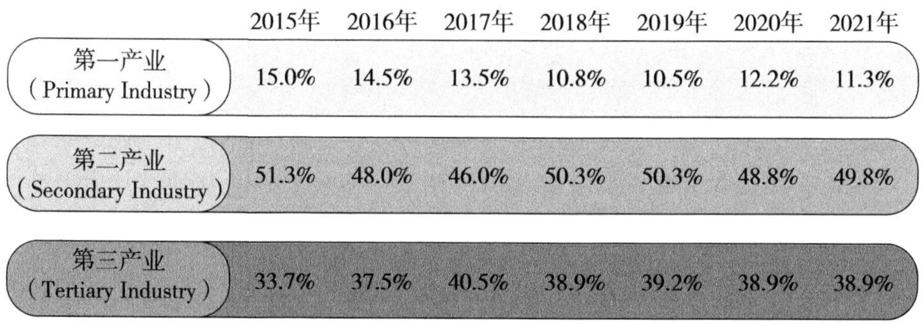

	2015年	2016年	2017年	2018年	2019年	2020年	2021年
第一产业（Primary Industry）	15.0%	14.5%	13.5%	10.8%	10.5%	12.2%	11.3%
第二产业（Secondary Industry）	51.3%	48.0%	46.0%	50.3%	50.3%	48.8%	49.8%
第三产业（Tertiary Industry）	33.7%	37.5%	40.5%	38.9%	39.2%	38.9%	38.9%

图10-2 2015—2021年宜宾市三大产业占地区生产总值比重

10.1.2 金融业现状①

宜宾市金融业在“十三五”期间呈稳步上升趋势。2020年实现金融业增加值91.34亿元，分别占地市生产总值、第三产业比重为3.26%、8.24%，较“十二五”末分别提升0.96%、1.34%，已成为本地经济的重要产业。截至2020年年末，全市金融机构及地方金融组织共104家，其中银行机构27家（含五粮液集团财务公司），保险机构38家，证券机构10家，融资租赁公司1家，融资担保公司11家。2020年年末，全市存贷款余额突破6000亿元大关，达到6235.73亿元。

在资本市场方面，宜宾市牵头设立“天府农业板”，组建国内首支乡村振兴发展基金——五粮液乡村振兴发展基金，省级上市后备企业数量位居四川

① 《宜宾市“十四五”金融发展暨区域金融中心规划（2021—2025年）》。

省第3位。宜宾发展控股集团有限公司发行首支100亿元优质主体企业债券，单笔体量位居西部前列。成立成都农村产权交易所宜宾分所，重组四川联合酒类交易所，申设天府商品交易所林竹交易中心，初步形成地方要素市场体系。“十三五”期间，全市非金融类企业发行债券实现直接融资357.28亿元。

10.2 产融合作试点成果

10.2.1 试点前的产融合作基础①

（1）产业基础

产融合作试点开始前，宜宾市已经奠定了坚实的产业基础，具体表现在以下三方面：一是经济、产业发展快速。“十三五”期间，宜宾市经济发展实现历史突破，地区生产总值年均增长7.9%，总量达2802.12亿元，由四川省的第4位上升至第3位，实现近20年来的历史性突破；一般公共预算收入年均增长11.7%，总量由四川省的第3位上升至第2位；国有企业利润、利税、增加值三项指标继续保持四川省第1位。二是传统产业和新兴经济并行发展。传统产业加大创新力度，采取新型综合运用方式；新兴产业快速发展，智能制造、轨道交通、汽车等新兴产业从无到有、集聚壮大。三是产融融合深入，科技教育人才储备力量较为充足。宜宾市是国家首批、西南地区唯一的产教融合试点城市，是四川省唯一的“学教研产城”一体化试验区、首批省级创新型城市。2020年引入清华启迪整体运营科创中心，12所产研院和2个院士工作站入驻运行，建成省级以上创新研发（孵化）平台106个，国家高新技术企业达150家；在宜办学高校达12所，为宜宾市建设区域金融中心提供了人才支持和科技支撑。

（2）金融基础

试点前，宜宾市已经构建较为完备的金融组织体系，包括银行机构、保

① 《宜宾市“十四五”金融发展暨区域金融中心规划（2021—2025年）》。

险机构、证券机构、融资租赁公司、融资担保公司、小额贷款公司等。同时不断推进与其他地方的金融业务合作。宜宾金融在对外交流中得到广泛宣传推介，各合作项目相继落地，外部优质金融资源助推宜宾实现跨越式发展。“十三五”期间，宜宾市政府同四川证监局、深圳证券交易所等11家金融部门或机构签署战略合作协议，在信贷融资、担保支持、出口保险、企业上市等方面获得全方位、立体式、广覆盖的支持。新设四川长江担保公司并启动整合工作，政府性融资担保体系做大做强。新设新兴供应链管理公司、三江汇海融资租赁公司等机构，服务产业发展手段更加多元。

（3）产融合作基础

在2017年宜宾市获评省级产融合作试点城市以来，产融基础不断夯实，基本打通金融与产业之间的合作渠道。已搭建“银政担企”产融对接平台，相继推出应收账款质押融资、乡村振兴贷等特色信贷产品，与蚂蚁金服合作探索涉农群体普惠金融服务新模式。成功申报全国财政支持深化民营和小微企业金融服务综合改革试点城市、第二批国家产融合作试点城市；是除省会成都外首批获批综合保税区的城市，并已封关运营；拥有全省首个省级新区——宜宾三江新区，建成进境粮食指定口岸、保税物流中心（B型）、国家临时开放口岸、中国（四川）自贸试验区宜宾协同区，申建7个省级经开区、1个省级高新区。宜宾市可享受众多国家级、省部级专项支持，可获得先行先试的创新试点资格。这为宜宾市建设区域金融中心提供了先发优势。

10.2.2 试点中的产融合作实施方案

根据《宜宾申报产融合作试点城市实施方案》等文件内容，宜宾市未来产融合作发展的重点领域主要有食品饮料、电子信息、装备制造、能源化工等产业，产融合作推进的渠道主要在供应链金融、白酒金融、普惠金融、融资租赁、绿色金融、科技金融、跨境金融七个方面。

重点推进供应链金融。支持供应链经营管理公司引进战略投资者做大做强。鼓励发起设立商业保理等供应链金融专营机构，支持供应链核心企业、供应链金融企业等通过供应链金融服务平台与国家级基础设施平台系统实现对接。立足智能终端、动力电池、高端装备制造等新兴产业企业，积极在供应链上下游开展商业保理、存货、应收账款等供应链金融业务。鼓励金融机构开发供应链金融产品和服务。探索构建跨境供应链金融综合管理平台。探索建立企业、政府、金融机构共同参与的供应链金融风险缓释机制。支持金融机构联合高校、科研院所、供应链企业开展供应链金融研究。

探索打造“白酒金融”。支持五粮液集团加快发展财务公司、产业基金、要素市场等产业金融。鼓励通过兼并重组、股权投资等方式，构建多产业互动、多业态共存、产融有机结合的良好白酒发展生态，助推酒业发展。围绕白酒产业特点提供针对性强的金融产品和服务。

发展推广普惠金融。完善民营、小微企业金融服务体系，鼓励金融创新，引导金融机构不断加大竹、茶、油樟等重点农业产业领域的信贷支持力度。鼓励金融机构设立小微企业金融专营机构，大力推广普惠金融产品。鼓励金融机构为中小微企业、新型农业经营主体提供差别化融资方案，充分运用乡村振兴农业产业发展贷款风险补偿金。

加快发展融资租赁。大力发展融资租赁服务，促进融资租赁与制造业深度融合。发挥融资租赁与汽车金融协同作用。鼓励具备条件的企事业单位积极开展融资租赁业务。探索建立支持融资租赁发展的决策和风险缓解机制。

培育发展绿色金融。探索建立绿色金融政策框架和激励机制，鼓励运用绿色金融创新。以绿色信贷、绿色债券、绿色保险、绿色基金等多种金融产品为主导，构建绿色金融创新体系和市场体系。支持设立以提供绿色金融服务为特色的分支机构。支持银行业金融机构制定绿色信贷行业、企业和项目准入标准，建立“绿色信贷行业、企业和项目清单”，并对清单实施动态管理。

择优发展科技金融。加强科技金融专营机构建设，完善金融科技贷款风险补偿机制，积极争取各类创业投资引导基金落户，发展天使投资、创业投资和风险投资等基金。大力发展数字金融，提升金融集聚水平。

大力发展跨境金融。鼓励金融机构根据外贸企业跨境金融需求，在贸易融资、国际结算、出口信用等领域开创各类跨境金融服务。稳步开展贸易项下和直接投资项下跨境人民币业务。争取在宜宾市推动贸易外汇收支便利化试点，推动经常项目外汇收支审核电子化，持续深化资本项目收入支付便利化，支持企业开办跨国公司跨境资金集中运营。

10.2.3 试点后的成果

产融合作服务平台逐渐完善。宜宾市已建立平台2个。截至2021年，累计接入金融机构37家，发布金融产品324个；融资对接平台注册企业3963家，发布融资需求817项，促成融资项目2456笔，金额104.7亿元，对外提供企业信用档案查询1.54万次。定期组织开展“银政担企”对接活动169场次，已对接实现实际融资金额764.3亿元。初步搭建数字化产融协同平台。该平台由京东旗下的京东零售云承建，通过打造“宜人宜礼”区域公共品牌，推动五粮韵、宜宾燃面等本土特色产品加速上行，促进“宜宾产”“宜宾造”商品进一步融入国内消费市场，提升品牌影响力。

金融产品创新力度大。积极推广中征应收账款融资服务平台，促成天原集团与中征（天津）公司签订平台对接协议，创新开通“五粮通”动产质押贷款、知识产权质押、商标权质押、应收账款池融资等多款特色金融服务产品。推进中小企业转贷资金，推进供应链代理采购业务，推广新兴产业风险担保资金池等。

政府产业基金发挥作用。据不完全统计，为积极培育新兴产业及本土特色产业集群发展，截至2022年11月，宜宾市属国有企业——宜宾五粮液集团公司、宜宾发展控股有限公司、四川港荣集团有限公司、宜宾市科教产业投资集团公司、宜宾新兴产业发展投资集团有限公司、宜宾天原集团股份有限公司、宜宾丝丽雅股份有限公司等设立组建基金22支，规模达430亿元，分别布局新能源、智能终端、汽车产业、新一代电子信息技术、人工智能物联网等高新产业。

10.3 案例：“宜贸贷”

大力发展跨境金融是宜宾产融合作的重点内容之一。针对中小外向型企业的融资难题，出台《宜宾市中小企业出口“宜贸贷”融资业务实施方案》，通过“银行+保险+担保+政府”的合作模式，为中小外向型企业量身打造“宜贸贷”这一担保产品。

“宜贸贷”对以出口贸易信用保险保单为基础的出口订单和应收账款进行质押，分为出口“应收账款宜贸贷”和出口“订单宜贸贷”两大类别。除承贷银行外，四川长江民营经济融资担保公司（以下简称长担公司）、信用保险公司和市政府相关部门也深度参与，按照“政府引导、市场运作、专业管理、风险共担”原则运行。其中，保险公司与出口企业签订出口信用保险保单合同，长担公司向贷款企业提供担保增信，宜宾市财政局向长担公司提供2500万元专项风险补偿金，市金融工作局、商务局等相关部门负责推进和监管。同时，承贷银行、担保公司、贷款企业所属县区还建立风险共担机制，分担比例为30%、35%、35%。

2020年4月21日，中国出口信用保险公司、工商银行宜宾分行、长担公司联合向四川酷比通信设备公司发放了“宜贸贷”全省第一单贷款2000万元。目前，申请“宜贸贷”融资业务的企业的授信额度最高按照保险单金额的80%确定，授信额度在2000万元以下，担保费每年按照授信金额的0.8%一次性收取。

“宜贸贷”这一创新金融产品，通过集合多方力量，有效实现降低企业融资门槛和融资成本，提高银行向符合条件的中小外向型企业提供贷款的意愿和规模，进一步提升了产融合作效率。

10.4 产融合作试点经验启示

宜宾市产融合作目标明确，能够围绕所制定的“产业发展双轮驱动”战略目标，全方位提高产融合作水平。具体启示如下。

一是产融合作工作机制讲究效率。宜宾市建立了重点项目融资季度例会制度和“双周”融资协调例会制度，定期协调解决企业融资难题，梳理重点企业和重点项目，组织开展“银政担企”对接活动。

二是金融高质量开放合作。宜宾市整合本市国企平台资源，与外部头部基金管理机构合作设立新基金。基金紧盯打造“动力电池之都”目标，围绕宜宾市产业结构上下游进行全国投资，通过基金投资不断拓展“产业朋友圈”，借助头部类基金管理机构处于产业生态圈前沿、历史投资项目储备丰富及资本运作优势，提升宜宾市产业发展能级。

三是金融产品针对性创新。创新中小外贸企业融资新产品“宜贸贷”，通过“银行+保险+担保+政府”的合作模式，有效促进跨境金融发展。开展供应链代采业务，支持市新兴产业投资集团出资1亿元组建供应链经营管理公司，为企业提供供应链代理采购业务。开通“五粮通”动产质押贷款、知识产权质押、商标权质押、应收账款池融资等多款特色金融服务产品。

四是紧抓数字经济发展机遇。宜宾市和京东合作打造数字化产融协同平台，形成“有为政府+有效市场+有利企业”组成的三角支撑，实现“互联网+商贸+物流+金融”的产融协同发展效应。

11 重庆市产融合作试点分析

2016年，重庆市入选第一批国家产融合作试点城市。试点期间，重庆市大力推进供给侧结构性改革，着力推动金融服务产品创新，致力于优化财政金融有效互动模式，进一步降低融资成本，提升了产融合作的效率，较好地完成了试点目标。

11.1 基本发展概况

重庆市作为直辖市，位于我国内陆西南部、长江上游地区，是国务院批复确定的国家重要的中心城市之一、长江上游地区经济中心、成渝地区双城经济圈核心城市、国家重要先进制造业中心、西部金融中心、西部国际综合交通枢纽和国际门户枢纽。面积8.24万平方千米，辖26个区、8个县、4个自治县。第七次全国人口普查显示，全市常住人口3205.4万人。

11.1.1 产业现状

2015年，重庆市地区生产总值16040.54亿元。其中，第一产业增加值1067.72亿元，第二产业增加值7208.01亿元，第三产业增加值7764.81亿元。经过6年发展，2021年实现地区生产总值27894.02亿元，较2015年增长73.90%。其中，第一产业增加值1922.03亿元，第二产业增加值11184.94亿元，第三产业增加值14787.05亿元。①

① 数据来自《重庆统计年鉴2022》。

从经济增长速度来看，重庆市前期增势迅猛，2015年、2016年、2017年的经济增长率分别为11%、10.7%、9.3%。2018年、2019年有所下滑，年平均增长率为6.15%。受新冠病毒感染疫情冲击，2020年增速下滑至3.9%，2021年又回升至8.3%（见图11-1）。[①]

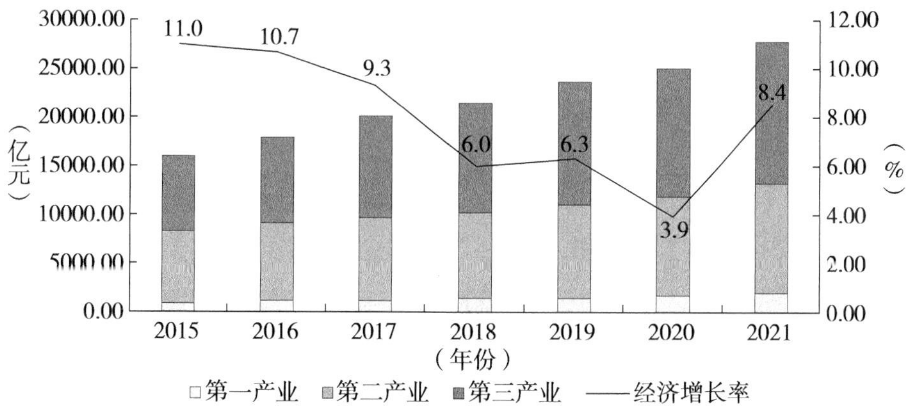

图11-1 2015—2021年重庆市地区生产总值及经济增长率

从产业结构来看，重庆市经济发展以第三产业为主导，第二、第三产业占比差距有所扩大。2015年，第一、第二、第三产业增加值占地区生产总值比重分别为6.7%、44.9%、48.4%。自2016年起，第三产业比重开始超过一半。2021年，第一、第二、第三产业增加值占地区生产总值比重分别为6.9%、40.1%、53.0%（见图11-2）。

从行业发展来看，重庆市一直致力于高质量发展制造业。2021年，全市工业增加值7888.7亿元，占地区生产总值比重为28.3%，对地区生产总值增长贡献率达32.6%。工业结构包括汽车、电子、装备、材料、消费品等产业。截至2021年，有“专精特新”中小企业达2484家。新能源汽车和智能网联汽车产量占比分别提高至14.7%和15.7%。规模以上工业企业实现利润1877.6亿元。

① 2015—2016年数据来自《2016年重庆市国民经济和社会发展统计公报》，2017年数据来自《2021年重庆市国民经济和社会发展统计公报》，2018—2021年数据来自《2022年重庆市国民经济和社会发展统计公报》。

	2015年	2016年	2017年	2018年	2019年	2020年	2021年
第一产业（Primary Industry）	6.7%	6.9%	6.4%	6.4%	6.6%	7.2%	6.9%
第二产业（Secondary Industry）	44.9%	43.1%	42.1%	41.0%	39.8%	39.8%	40.1%
第三产业（Tertiary Industry）	48.4%	50.0%	51.5%	52.6%	53.6%	53.0%	53.0%

图11-2　2015—2021年重庆市三大产业增加值占地区生产总值比重

新产业新业态新模式逆势成长。2021年规模以上工业战略性新兴产业增加值比上年增长18.2%，高技术制造业增加值增长18.1%，占规模以上工业增加值的比重分别为28.9%和19.1%。新一代信息技术产业、生物产业、新材料产业、高端装备制造产业增加值分别增长18.6%、11.9%、19.6%和13.2%。全年高技术产业投资比上年增长8.4%，占固定资产投资的比重为8.5%。全市限额以上单位通过公共网络实现商品零售额比上年增长27.3%，高于社会消费品零售总额增速8.8个百分点。全年新增市场主体57.88万户，年末市场主体总数320.37万户。

11.1.2　金融业现状

"十三五"时期，重庆市金融业发展定位历经了两次飞跃，从"长江上游区域性金融中心"到"国内重要功能性金融中心"，再到立足西部、面向东盟的"内陆国际金融中心"，全市紧抓战略机遇，深化改革创新，金融实力持续提升。

金融业发展迅速。2021年实现金融业增加值2459.78亿元，较2015年的1410.18亿元增长74.43%（见图11-3）。全市共有证券公司总部1家，证券营业部208家，证券分公司49家；境内上市公司63家，总股本960.01亿股，股票总市值11367.88亿元；保险法人机构5家，省级分公司60家。

国际合作不断深化，金融结算功能得到强化。重庆市依托中新（重庆）战略性互联互通示范项目持续推动中国（重庆）自由贸易试验区跨境人民币

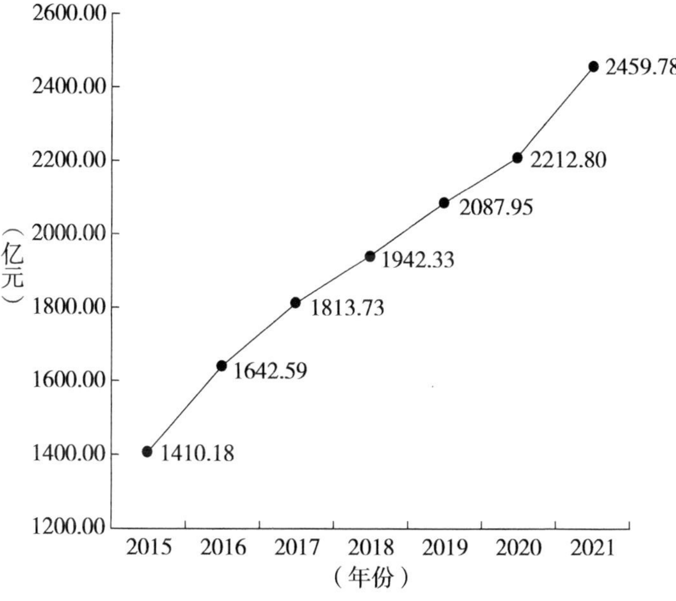

图 11-3　2015—2021 年重庆市金融业增加值

结算便利化试点，跨境人民币结算辐射范围逐步扩大。2020年，全市跨境人民币实际收付结算额1687亿元，同比增长53.7%，结算量居中西部第一位。

11.2　产融合作试点成果

11.2.1　试点前的产融合作基础

重庆市具有良好的产融合作基础，紧紧围绕直辖市、国家重要中心城市、长江上游地区经济中心、国家重要先进制造业中心、西部金融中心、西部国际综合交通枢纽和国际门户枢纽等国家赋予的定位，充分发挥区位优势、生态优势、产业优势、体制优势，谋划和推动经济社会发展，努力建设国际化、绿色化、智能化、人文化现代城市。

（1）产业基础

试点前，重庆市就已建立工业门类齐全、产业特色鲜明、基础较强的产业格局。根据《重庆统计年鉴2016》数据，2015年规上工业企业实现总产值

21400.01亿元，实现利润总额1411.86亿元。其中汽车和电子信息是两大支柱产业，工业总产值分别为4600.08亿元、3323.82亿元。具体来看，长安福特三工厂、上汽通用五菱等项目投产，全市汽车产量达到263万辆。各类智能终端产量达到2亿台件，SK海力士芯片封装、奥特斯集成电路基板、巨腾机壳等关键零部件项目投产，本地配套率进一步提高。同时，重庆市还布局了集成电路、液晶面板、页岩气等十大战略性新兴产业。

（2）金融基础

金融总量规模迅速增长，服务实体经济能力明显增强。截至2015年年底，重庆市金融业增加值超过1410亿元，年均增长13.8%，占地区生产总值比重达到9%；金融业资产规模 4.2 万亿元。金融机构人民币存贷款余额分别为2.8万亿元和2.2万亿元，新增地方社会融资规模2.2万亿元，债券发行总额达到3666亿元。境内外上市公司新增17家，总数达到62家，新增新三板挂牌企业59家。2015年，保费收入514.6亿元，保险赔款及给付220.2亿元，保险深度达到3.3%，保险密度达到1706元/人。

（3）产融合作基础

金融组织体系逐步健全，金融机构加速聚集。截至2015年年底，全市金融机构达到1500家，银行、证券、保险等机构持续增加，银行法人机构及市级分行达到101家，各级支行近2600家；在渝证券营业部172家，保险法人机构及市级分公司49家；新型金融机构迅速发展形成13个门类，资本金达到2446.9亿元；小额贷款公司265家，资本规模 621.8 亿元，贷款余额 887.9亿元；融资担保公司161家，资本规模 359.3 亿元，在保余额2045.8亿元；股权投资类企业492家，管理规模合计超过2000亿元，其中，战略新兴产业股权投资基金总规模800亿元，产业引导股权投资基金总规模超200亿元。

要素市场体系更加完善，辐射范围有效扩大。截至2015 年年底，全市共有要素市场14家，形成了资产、权益和商品合约三大交易板块，交易品种37类。全国保险资产登记交易系统落户重庆，平安集团完成对重庆金融资产交易所的重组和业务布局，重庆药品交易所公司、重庆联合产权交易所公司、重庆股份转让中心公司对全国的辐射带动效应初步显现，重庆汽摩交易所公司、重庆农村土地交易所、重庆航运交易所等市场加快建设具备交易结算、电子商务、融资增信等功能的综合服务平台。

改革开放不断深化，金融结算加快发展。金融成为中新（重庆）战略性互联互通示范项目重要板块。稳步推进投融资便利化，获得全国首批开展外资股权投资基金试点资格，引进全国首家跨境人民币基金，成为中西部唯一跨境贸易电子商务服务、外汇支付“双试点”城市。加快推进跨境结算，离岸金融结算总量达到3687亿美元，跨境人民币收付拓展至101个国家和地区，累计跨境人民币结算金额超过5000亿元，跨国公司外汇资金集中运营、跨境电子商务第三方结算、跨境人民币双向资金池等业务快速发展。

金融生态环境保持良好，金融监管体制建设有序推进。地方金融监管体制机制初步建立，中央金融监管部门与地方金融管理部门的监管协调，市级部门之间的监管协同，市、区县（自治县）两级的监管联动得到有效提升。全方位实施重点领域风险把控，有效防控传统金融机构和新型金融机构风险，非法集资案件高发势头得到遏制。截至2015年年底，全市银行业不良率、小贷公司不良率和融资担保公司代偿率分别为0.9%、2.54%、1.3%，风险总体可控。

11.2.2 试点中的产融合作实施方案

一是大力推动以《中国制造2025》和“供给侧结构性改革”为核心的产融合作。建立银企对接清单名录库，开发工业运行大数据采集平台；建立产融合作工作机制，每季度召开主要金融机构专题会议；引导金融机构实施差别化信贷政策；加大对中小微企业融资支持力度；推出一批产融合作示范区县和企业；开展“金融机构区县行”活动。

二是积极推进金融产品及金融服务方式创新。推动银团贷款，提高筹组成功率；推广应收账款质押等融资方式；建立龙头企业产业链融资体系；创新运用货币政策工具撬动金融资源；推广跨境融资。

三是优化财政金融有效互动模式，降低融资成本。对符合条件的中小微企业给予贷款贴息；优化中小微企业转贷应急机制；支持工业企业多渠道融资，出台“双百工业企业”流动资金支出补贴政策等。

四是鼓励和引导企业用好直接融资渠道和工具。强化企业培训，推动科创型企业上市融资；开展工业企业发债融资专项行动，支持重点工业企业利用债券市场融资；优化基金运作模式，提升各类产业投资基金支持能力；加强对中小微企业的免补政策力度，支持其在区域性场外市场挂牌。

11.2.3　试点后的成果

与试点前相比，重庆市的金融业发展数据持续向好，主要表现为以下方面。

一是产融合作更加紧密。2017年，出台《重庆市工业企业上市融资专项行动方案》等7个产业与金融合作专项行动方案，提出加大对传统产业及新兴产业企业、科技创新型企业和中小微企业等的资金、项目扶持力度，大力支持证券公司等中介机构进入区县、园区挖掘培育拟上市资源，帮助企业引进战略投资者，支持企业“引资、引智”，并计划实施分类培育，推动200余家工业企业进入重庆市拟上市企业储备库，新增30家工业企业上市；紧紧围绕“三类企业、五类项目”，定期收集融资需求信息，实现企业融资需求网上申请、即时汇总、分类推荐，形成银企对接常态化，满足企业融资需求；支持一批有市场、有回款、有效益，但资金周转暂时困难的企业，使用转贷应急资金，降低企业融资成本，预防企业资金链断裂风险，争取实现重庆市小微企业应收账款累计融资规模突破150亿元，核心企业名单库企业数量达到5~10家。

二是金融产品与服务不断创新。重庆市出台了《关于进一步优化金融信贷营商环境的意见》、金融业“24条”、银行保险业“19条”、小贷行业“9条”“新八条”、融资担保“12条”等十余项金融支持政策，在“增量、降价、提质、扩面、减费”方面取得显著成效。2021年，创新推动民营小微企业首贷续贷中心建设，建成首贷续贷中心32个，实现区县全覆盖，累计发放贷款24.6亿元，有效解决了民营小微企业首贷续贷难“痛点”，获得国务院认可；开展“银税互动”“科技型企业知识价值信用贷款”“中小企业商业价值信用贷款”，推出5G智慧型服务、无还本自助续贷等数十种特色产品，有效缓解中小企业融资难、融资贵的发展瓶颈。截至2020年上半年，重庆市各项贷款余额突破4.5万亿元，同比增长13.5%，高于全国平均水平1.6个百分点；普惠小微贷款余额3512亿元，同比增长30%。重庆市贷款支持小微经营主体58.6万户，较年初增长38.9%。2021年上半年，重庆市普惠小微贷款加权平均利率仅4.75%，最低达3.85%。①

三是财政金融有效衔接。重庆市通过梯度培育、鼓励创新、加强资金和融资支持、强化跟踪服务等方式，引导全市中小企业走“专精特新”发展之路，促进中小企业转型升级和高质量发展，并推出“专精特新”中小企业专属信贷产品“专精特新信用贷”，为“专精特新”中小企业提供无抵押、纯信用、低利率融资服务，国家级“小巨人”企业最高可获得1000万元的信用贷款，市级“隐形冠军”“小巨人”“专精特新”企业分别可获得最高700万元、500万元、300万元的信用贷款，其中，国家级专精特新“小巨人”企业贷款利率原则上不超过一年期LRP+15bp。②预计，重庆市“专精特新”中小企业将获得30亿元以上的授信贷款支持。③

11.3 案例：“专精特新信用贷”

重庆市全面贯彻落实财政部、工业和信息化部《关于支持“专精特新”中小企业高质量发展的通知》（财建〔2021〕2号）精神，精心组织策划，聚集服务资源，深入企业，务求实效，为国家级“小巨人”企业提供精准、优质服务。

由重庆市经济信息委中小企业处相关人员和重点支持服务平台及市统筹支持服务平台相关负责人共同组成领导小组，统筹推进全市“专精特新”“小巨人”服务工作，各平台的服务计划与安排服从统一调度。同时加

① 《优化金融营商环境，重庆市金融监管局推出这些新招实招》。

② LRP：贷款市场报价利率。LRP+15bp即指借款人的贷款利率在LRP基础上加上15个基点。

③ 《降低实体经济企业融资成本 重庆市推出“专精特新”信用贷降低企业融资成本》。

强与相关区县中小企业主管部门、窗口平台的联系，形成联动服务机制，提高服务效率。

重庆市经济信息委同重庆银行签订支持“专精特新”中小企业发展战略合作协议，推出重庆市首个“专精特新”中小企业专属信贷产品“专精特新信用贷”。

11.3.1 “专精特新信用贷”简介

“专精特新信用贷”是指重庆银行向国家工业和信息化部或者重庆市经济信息委认定的“专精特新”中小企业发放的用于满足其流动资金的信用贷款，具有纯信用、成本低等优势，国家级“小巨人”企业最高可获得1000万元信用贷款，利率不超过一年期LPR+15bp，市级“隐形冠军”“小巨人”“专精特新”企业分别最高可获得700万元、500万元、300万元信用贷款，利率不超过一年期LPR+65bp。

该产品具有纯信用、低成本、资料简、速度快四大特点。纯信用是指无须额外提供抵押物和担保人。低成本是指利率低，且无任何手续费、服务费、担保费等隐性费用。资料简是指主要申贷资料可由经信委提供。速度快是指最快调查1日完成，审批3日完成。

11.3.2 “专精特新信用贷”产品设计

“专精特新信用贷”的适用对象为国家工业和信息化部或重庆市经济信息委认定的“专精特新”中小企业，且符合下列要求：企业成立3年以上；信誉良好，合法经营，当前无逾期，无历史恶意不良信用记录；企业及企业的法定代表人、实际控制人无存在影响正常经营的行政处罚、未决诉讼或未执行完毕案件，未被列为失信被执行人；上年度主营业务收入占营业收入50%以上；近两年，企业营业利润不得连续为负且营业收入不得连续为负增长；上年度营业收入在2000万元以上（国家战略性新兴产业企业可放宽至1000万元以上）；渝东北、渝东南区县企业营业收入在1200万元以上（国家战略性新兴产业企业可放宽至600万元以上）；具备相应的生产经营资质、环保文件或排污许可；等等。

另外，“专精特新信用贷”产品不仅局限在小额短期贷款，贷款额度最高可到1000万元，贷款期限通常在1~3年。贷款年化利率按照单利方式计算，国家级“小巨人”贷款年化利率原则上不超过一年期LPR+15bp；重庆市“专精特新”中小企业贷款年化利率原则上不超过一年期LPR+65bp。贷款用途主要为生产经营所需流动资金。还款方式与贷款期限相关，贷款期限不超过1年，按月付息，到期还本，贷款期限超过1年，则分期还本。

11.3.3 “专精特新信用贷”的发展经验

一是鼓励创新发展。支持“专精特新”企业上云和智能化改造，鼓励企业自建或联建研发中心，加大研发投入，逐步提高“专精特新”企业研发收入强度。鼓励企业参与国际、国家及行业标准制定，提升企业在细分领域关键技术的研发创新能力。2020年给予160余家“专精特新”企业智能改造、新兴产业培育、创新研发等方面的奖励。

二是强化融资对接。推出“专精特新信用贷”，为全市“专精特新”企业提供纯信用、低成本的信用贷款以及高效、精准、全面的金融服务，实施2个月，为21家企业发放贷款7732万元。同时打好“组合拳”，加大商业价值信用贷款、应急转贷等政策对“专精特新”企业的支持力度。

三是解决融资难题。为“专精特新”中小企业推出高效、精准、全面的金融服务：“高效”即现场调查1天完成、审查审批3天完成，实行限时办结；“精准”即为每一个“专精特新”中小企业匹配一名专属客户经理，实行“ 对 ”金融服务，“全面”即不但解决企业临时性资金需求，还给予结算金融绿色服务通道、优先使用各类信贷产品额度、投贷联动服务以及后续上市支持等全方位的金融服务。

11.4 产融合作试点经验启示

第一，补齐产业金融短板是推进产融合作的奠基石。为更好服务工业企业和中小企业发展，充分利用人工智能、大数据等技术手段，建立公共信息服务平台，更加精准地做好银企对接服务。努力扩大直接融资规模，特别是鼓励企业通过中小企业股权交易中心融资，做大OTC交易市场。[①]创新金融产品和服务，优化传统商业模式，积极为企业提供较低成本的信贷支持。积极发挥各类产业发展基金作用，更好地支持战略性新兴产业发展。大力发展产业链金融，创新优化财政金融有效互动模式，推动实体经济和金融业良性互动、健康发展。

第二，增强协同创新能力是推进产融结合的内动力。以“一城多园”模式共建西部科学城，打造全国重要的科技创新和协同创新示范区。实施成渝科技创新合作计划，共用科技创新平台和大型科研仪器设备，联合开展技术攻关，参与国家重大科技任务，共享科技成果。共建创业孵化、科技金融、成果转化平台，打造一体化技术交易市场，完善区域知识产权快速协同保护机制。鼓励高校、科研院所、企业加强合作。

第三，健全财政金融联动机制是推进产融合作的催化剂。完善地方金融监管机制，推进地方金融法规制度建设，强化专业监管力量配置。深化金融机构市场化改革，支持中小银行健康发展。加大金融机构向“两群”布局力度，支持在“两群”有条件的区县设立绿色村镇银行。进一步加强与银行金融机构的合作，创新合作模式，增加合作产品和渠道，持续推出“专精特新”企业信贷产品，同时加大企业上市辅导和培育力度，提高中小企业直接融资的能力和规模，推动金融精准服务“专精特新”中小企业。

① 场外交易市场。

12 株洲市产融合作试点分析

2016年，株洲市成功入选第一批国家产融合作试点城市名单，并于2020年延续试点。通过大力发展产业链金融，创新提供多样化金融服务，株洲市产融合作取得较好成效。

12.1 基本发展概况

株洲市位于湖南省东南部，是湖南省长株潭城市群三大核心之一，也是中国南方最大的铁路枢纽，京广、浙赣、湘黔三大铁路主干线在此交会，贯通中国内地的东西南北。株洲市的崛起被形容为“一张白纸上绘就的工业新城”。几十年来，株洲市创造出中国第一台航空发动机、第一台电力机车、第一块硬质合金等一个又一个“全国第一”，形成了以冶金、机械、化工、建材为支柱的工业体系，奠定了其“工业株洲”的基石。在“十三五”规划期间，株洲市经济高质量发展，综合实力实现跨越式提升。株洲市连续五年获国务院表彰，入选“改革开放四十年经济发展最成功的40个城市”。轨道交通产业过千亿元，被誉为“中国电力机车之都”，一大批重大产业项目在株洲市落地，现代产业体系加快构建，“中国动力谷”挺起了株洲市发展的脊梁，开拓了中国制造新版图，实现了由传统老工业基地向先进制造业城市的转变。

12.1.1 产业现状

2015年，株洲市地区生产总值2335.1亿元。其中，第一产业增加值179.5亿元，第二产业增加值1337.1亿元，第三产业增加值818.5亿元。经过6年发展，

2021年实现地区生产总值3420.3亿元，较2015年增长46.5%。其中，第一产业增加值259.4亿元，第二产业增加值1627.7亿元，第三产业增加值1533.2亿元。①

从经济增长速度来看，株洲市2015年经济增长率为9.5%，2016—2019年平均增长率为7.9%。受新冠病毒感染疫情冲击，2020年增速下滑至4.1%，2021年又回升至8.3%（见图12-1）。②

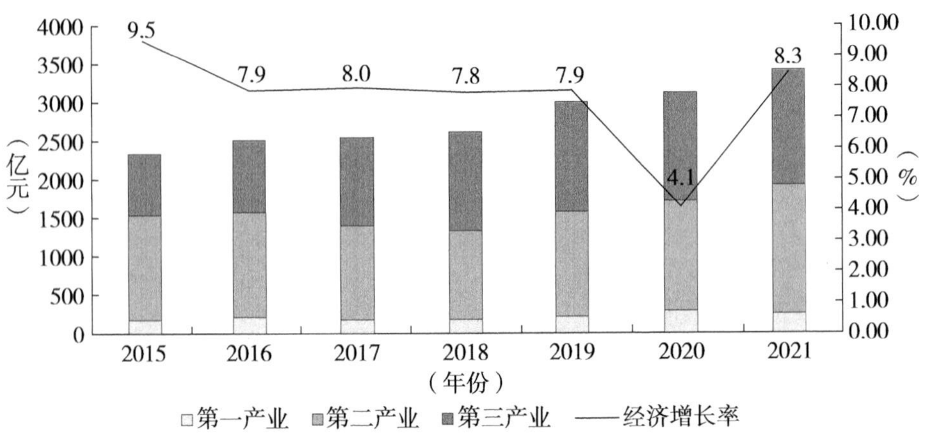

图12-1　2015—2021年株洲市地区生产总值及经济增长率

从产业结构来看，近年来株洲市的主导产业由第二产业变为第二、第三产业均衡发展。2015年，第一、第二、第三产业增加值占地区生产总值比重分别为7.7%、57.3%、35.1%。2016—2018年，第三产业比重扩大，于2018年超过第二产业比重5.6个百分点。2019年第三产业比重小幅下降，略高于第二产业。2020年开始第二产业比重反超。2021年，第一、第二、第三产业增加值占地区生产总值比重分别为7.6%、47.6%、44.8%（见图12-2）。

从行业发展来看，株洲市重点培育、构建以轨道交通、航空动力、先进硬质材料三大优势产业为核心，以电子信息、新能源、高分子新材料为重点，以升级陶瓷、服饰等一批传统产业和培育功率半导体、北斗应用等一批新兴

① 数据来自各年湖南统计年鉴、株洲统计年鉴和株洲市国民经济和社会发展统计公报。

② 2015—2017年经济增长率数据来自《株洲市2019年国民经济和社会发展统计公报》，2018—2021年经济增长率数据来自《株洲市2022年国民经济和社会发展统计公报》。

	2015年	2016年	2017年	2018年	2019年	2020年	2021年
第一产业（Primary Industry）	7.7%	7.8%	7.2%	7.0%	7.3%	8.2%	7.6%
第二产业（Secondary Industry）	57.3%	54.3%	47.9%	43.7%	45.2%	46.3%	47.6%
第三产业（Tertiary Industry）	35.1%	37.9%	44.9%	49.3%	47.4%	45.5%	44.8%

图12-2　2015—2021年株洲市三大产业增加值占地区生产总值比重

未来产业为支撑的“3+3+2”现代产业体系。

2021年《湖南省国民经济和社会发展第十四个五年规划和二〇三五年远景目标纲要》明确提出，要围绕工程机械、轨道交通、航空动力三大产业，不断推动技术和产品迭代创新，提高全球竞争力，努力形成世界级产业集群。其中，轨道交通产业和航空动力产业是株洲市的传统优势产业，这两大世界级产业集群的打造，均以株洲市为主阵地。

12.1.2　金融业现状

株洲市金融业发展势头良好，各方面都取得了不错的成效。在“十三五”期间，累计实现社会融资总额2630.76亿元，社会融资规模居全省第二。“十三五”以来，全市新组建了3家农商行、1家村镇银行，新引进股份制银行2家，新引进保险机构2家，组建了金融控股集团，成功搭建株洲市综合金融服务平台，成立了华芯征信公司并获得湖南省首家央行征信牌照，金融机构体系不断完善，金融机构数量居全省第二。①2020年，全市实现金融业增加值117.88亿元，较2015年的51.90亿元增长127.13%（见图12-3）。②年末有证券公司营业部36家，上市公司13家，企业证券市场融资（含股票和债券）126.03亿元。

① 《“十三五”株洲金融业亮点工作》。

② 《湖南统计年鉴2016》。

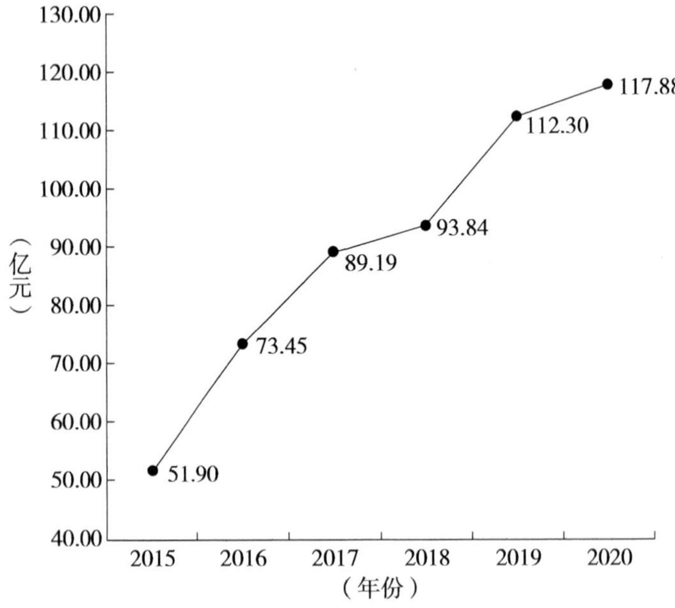

图12-3　2015—2020年株洲市金融业增加值

12.2　产融合作试点成果

12.2.1　试点前的产融合作基础

2013年以来，株洲市现代产业体系不断完善。2015年，轨道交通产业产值首次突破1000亿元，这也是全国首个过千亿元的轨道交通产业集群。与此同时，金融业也在不断发展。2016年，根据四部委《关于组织申报产融合作试点城市的通知》，株洲市结合已有的产业基础和金融基础积极编制产融合作试点方案，提出了构建产融合作信息共享机制、创新金融产品和服务、完善深化产业链金融、创新财政金融互动模式、探索基金合作新模式、建设金融集聚区、推进科技金融发展七项试点内容，成功入围第一批产融合作试点城市名单。

上榜后，株洲市全力推进金融创新和产业互动，积极聚合产业资源、金融资源、政策资源，建立完善政府、企业、金融机构对接合作机制，充分发挥财政资金引导作用，加强政银企互动，全面构建产融信息共享、投融资便利、金融服务完善的产融合作体系，加大对产业企业支持力度，大力支持战略性新兴产业发展，支持产业结构调整和转型升级，金融服务产业效率和能力进一步提升，并形成了一系列可复制、可推广的典型经验，为其成功入选国家产融合作试点城市第一批延续试点名单奠定了基础。

12.2.2 试点中的产融合作实施方案

目前株洲市公开可得的产融合作试点方案信息较少，经过搜索获得的相关文件为2017年6月株洲市发布的《关于制订株洲市产融合作金融支持制造业发展若干措施的通知》（以下简称为《通知》）（株银〔2017〕41号）。《通知》指出，金融重点支持株洲市先进轨道交通装备、节能与新能源汽车、航空装备、新材料、电子信息、新能源、生物医药及医疗器械七大领域，以及围绕制造业配套创新建设工程和服饰加工、陶瓷工艺等传统行业的转型升级和科技型中小制造企业。企业主管部门列出支持行业和企业目录，形成融资信息对接清单，连接“中征融资服务平台”，建立集政策资讯、信用评价、信息查询、融资服务于一体的信息平台。采取多种有效形式开展产融对接活动，促进有融资需求的重点企业、重点项目与金融机构实现对接合作。《通知》还提出了完善银行机构服务体系、规范发展财务公司、设立金融租赁公司、鼓励企业参股地方金融机构、建立支持制造业信贷产品项目库、大力开展产业链金融服务、广泛开展绿色信贷服务、推动符合条件的制造业企业上市融资、支持发展股权投资、加强政策协调合作、加大货币信贷政策的支持力度多项举措，这对解决工业转型发展和信息化建设面临的融资难、融资贵瓶颈，全面提升金融服务实体经济的能力和效率，建立与工业和信息化发展相适应、相配套的金融支撑体系，充分发挥株洲市的地方产业特色等方面具有明确的指导意义。

12.2.3 试点后的成果

株洲市在入围第一批产融合作试点城市后，不断深化产业与金融合作，建立完善政府、企业、金融机构对接合作机制，充分发挥财政资金引导作用，支持产业结构调整和转型升级，金融服务产业效率和能力进一步提升，取得了一系列成果，具体体现为以下方面。

一是银企合作，设立中小微企业信贷风险补偿基金，降低信贷风险。2018年9月，株洲市中小微企业信用贷款风险补偿基金成立。随后，在市金融办和市财政局的指导下，基金管理机构兴业公司先后与株洲农村商业银行等11家银行和3家融资性担保公司建立合作关系，并针对中小微企业建立“@贷”微信业务群，确定扶持企业“白名单”从259家增至336家，成功服务41家企业成功获贷15025万元。[①]截至2020年年末，利用基金累计发放信用贷款突破11亿元，财政资金放大效应近10倍，一定程度上满足了中小微企业的融资需求。

二是利用财政资金作支点，撬动社会投资增长。2019年5月，经株洲市人民政府批准，由市财政出资20亿元的政府性引导基金——株洲市产业发展引导基金正式注册成立。产业基金坚持“政府引导、市场运作，科学决策、防范风险”的原则，采用市场化手段，充分发挥财政资金杠杆作用，通过跟投、直投、引投（招商引资）等多种方式，引导社会资本共同投资株洲市优势支柱产业和新兴产业。产业基金作为母基金，分设行业子基金、特设子基金和跟投子基金三类子基金，不同类型子基金采用不同的管理方式和投资方式。株洲市产业发展引导基金已决策投资7.8亿元，撬动社会资本53亿元。株洲市已有股权投资基金（产业投资基金）29支，规模达到220多亿元。

三是大力开展“产业链金融”模式，缓解融资难题。株洲市创新推出“神农贷”“云信贷”“政采贷”和“株洲快贷”等产业链金融模式，核心企业与配套小微企业共享银行授信，化解上下游企业的融资难题。到2020年6月末，全市金融机构向各条产业链发放贷款已超过200亿元，新增产业链上配套小微企业贷款户数5316户。核心企业形成了稳定的上下游配套小微企业；小微企业获得了长期稳定、低成本的融资支持。

---

① 《株洲风补基金助41家中小微企业获贷1.5亿元》。

四是搭建产融合作平台，完善信用机制。2019年9月，株洲市综合金融服务平台上线试运营，主要开展贷款、保险、担保、转贷、租赁、服务六大业务，是株洲市政务大数据、产业大数据应用在金融领域的重要成果。根据株洲市综合金融服务平台官方数据，截至2021年6月，平台已入驻金融机构48家，上线金融产品184项，企业通过平台申请融资16549笔，总授信金额超41.5亿元。华芯企业征信数据库已归集包括市场监管局、医保局等40个单位的部分数据，数据总量达18461万条（涵盖全市7万余家企业、26万余个体工商户），累计提供企业征信报告查询服务17000余次。

12.3 案例：株洲市综合金融服务平台、产业链融资新模式

12.3.1 株洲市综合金融服务平台

株洲市综合金融服务平台由湖南华芯征信有限公司建设。湖南华芯征信有限公司由国投集团出资组建，是湖南省第一家基于政务大数据提供企业征信服务的金融科技型公司和获得央行征信备案公示、拥有国资背景的征信公司。株洲市综合金融服务平台基于株洲市数据共享交换平台所归集的市场监管局、税务局、自然资源和规划局、人力资源和社会保障局、住房公积金管理局等部门的海量数据，应用大数据、云计算、人工智能等先进技术，开发建设集聚金融资源、企业资源、信用信息、政府资源的互联网金融服务平台。进一步推动金融服务实体经济，缓解株洲市中小微企业“融资难、融资贵、融资慢”问题，加强金融对企业转型升级和创新发展的支持力度。

株洲市综合金融服务平台定位是为中小微企业与金融机构线上直连的金融科技服务平台，主要开展贷款、保险、担保、转贷、租赁、服务六大功能对接服务，并提供企业征信报告查询服务。该平台助力中小微企业改善融资环境、提升融资能力、降低融资成本；助力金融业改善金融生态、防范信贷风险。主要体现在以下四个方面。

一是数据联通，一键解决企业融资需求。平台整合了银行、保险、担保、小贷、互联网金融机构等各类金融产品，依托数据优势为企业智能推荐个性化产品服务，缩短线上受理审批流程，企业只需发布需求便可一键申请多家银行信贷产品，择优使用授信，有效节约了时间与融资成本。截至2021年3月，平台已引入金融机构47家，上线183项金融产品，企业通过平台申请融资1743笔，授信金额超22亿元。

二是智能互通，有效完善信用体系建设。依托株洲市数据共享交换平台和信用信息共享交换平台采集与企业相关数据，建设华芯企业征信数据库，已归集包括市场监管局、农业农村局、医保局、公积金中心、法院、海关等40个单位的部分数据，数据总量达18415万条。利用人工智能+大数据技术，为企业精准画像，进行信用评分，提供企业基础能力、运营能力和风险指数做参考，提升金融机构风控能力。截至2021年3月，共提供征信报告查询服务5521次，帮助2000多家企业解决融资需求。

三是服务融通，助力发展风险补偿机制。平台通过构建中小微企业白名单风控管理模型，实现线上受理企业白名单申请，企业在获批白名单后可在平台选择金融机构申请风险补偿基金贷款产品，平台作为风险补偿基金的唯一申请入口，实现贷后监控，实时推送风险预警，在保障风险管控的前提下，提升风险补偿基金“@贷”发放规模。2020年“@贷”已为315家企业放款108176万元。

四是业务贯通，全面推进招投标电子化。联合株洲市公共资源交易中心，将信息科技与招标采购深度融合，搭建华芯电子保函平台，为投标企业提供电子保函服务，投标人在平台申请电子保函等同于缴纳投标保证金，金融机构根据投标人申请要求，向招标人出具电子化担保凭证，为招投标双方提供资金安全保障，以减少投标保证金给企业带来的资金压力。自2020年12月上线以来，已与8家金融机构实现系统对接，共开具52单电子投标保函，保函金额达21.5万元，为企业节省资金3789.5万元。[①]

① 《市综合金融服务平台为营商环境优化赋能赋智》。

12.3.2 产业链融资新模式

为了深化产融合作，稳步推进金融服务改革创新，引导辖内金融机构加大产业链上的中小微供应企业流动资金需求，株洲市大力开展产业链金融服务，创新出“政采贷”“云信贷”和“株洲快贷”等多种产业链融资模式，增强金融服务实体经济的作用。

“政采贷”平台通过株洲市政府采购网与中国人民银行征信中心“应收账款融资服务平台”对接，实现了政府采购的中标信息、合同信息、财政支付信息、成交信息等融资所需数据全部实现线上快速交互，中标企业无须财产抵押或第三方担保，凭借政府采购合同，就可向参与的银行机构申请线上融资。“政采贷”融资模式依托平台打造融资管理闭环，成功解决了“政采贷”合同真实性确认难与还款路径锁定难的两大痛点。到2020年11月，株洲市政府采购合同线上融资业务系统已推送中标信息1000余条，累计撮合融资30笔共5204万元。

“云信贷”依托“中企云链”“中航云信”平台，以核心企业信用让渡为核心，以应收账款为质押，是集“融资平台+银行+核心企业+配套小微企业”于一体的全线上供应链融资模式。“中企云链”等产业链金融服务平台由产业链核心企业联合商业银行成立，通过融合核心企业、配套小微企业、商业银行等多方资金供求主体，以应收账款为依托，实现核心企业信用共享和流转。商业银行通过此类平台对核心企业、配套企业进行整体授信，核心企业基于授信额度、期限及应收账款向配套企业开立“云信”，配套企业持“云信”向商业银行办理快速、优惠融资。“云信贷”推广以来，在盘活产业链配套小微企业应收账款资产方面取得了一定成效。到2019年11月，在“中企云链”“中国航发”平台注册的株洲本地企业超过600家、主办银行10家、注册核心企业30家，累计开立“云信”35.62亿元，支付货款4.52亿元，抵押融资额18.18亿元，80%以上用于小微企业。[①]

① 《湖南株洲：金融套餐助力民企高质量发展》。

“株洲快贷”基于湖南华芯企业征信有限公司负责建设的株洲市华芯企业征信数据库及企业征信平台，该平台可根据企业需求，运用大数据、人工智能等技术手段，生成不同维度的企业征信报告，从不同角度对产业链配套小微企业经营状况进行精准画像和分析，为银行扩大产业链配套小微企业信用贷款投放奠定了良好信用基础。2020年以来，人民银行株洲市中心支行积极支持银行机构加强华芯企业征信结果运用，改进产业链配套小微企业授信审批和风控模型，加大线上信用“快贷”类产品开发力度，逐步减少对抵质押品的过度依赖。截至2020年7月末，该平台已为株洲市各金融机构和相关企业提供征信报告查询服务2150次，帮助1000余家企业获得了金融机构的融资支持。同时，各金融机构积极与华芯企业征信平台对接，探索开办以华芯征信数据为授信基础的线上纯信用类信贷产品。例如，长沙银行株洲分行通过改进授信审批和风控模型，结合株洲市综合金融服务平台企业征信报告数据，创新“汽车链数据贷”产品，对株洲市汽车产业链105户企业进行批量主动授信。借力这些创新性产业链融资模式，一批企业顺利获得贷款，渡过危机。

12.4 产融合作试点经验启示

株洲市在2017年和2020年先后两次入选国家产融合作试点城市名单，在这期间积累的一些成功经验值得大力推广，供其他试点城市（区）参考借鉴。

第一，搭建有效的产融合作平台，解决信息不对称问题。由市政府金融办和人民银行株洲市中心支行指导建设的株洲市综合金融服务平台，是一个为中小微企业与金融机构线上直连的金融科技服务平台，主要开展贷款、保险、担保、转贷、租赁、服务六大业务，并为金融机构提供企业征信报告查询服务。该平台由株洲市国投集团旗下的湖南华芯征信有限公司运营，依托大数据、人工智能和金融科技，拥有“一库三平台+N应用”综合服务功能，即企业征信数据库、政银企服务平台、企业征信平台、互联网+股权交易平台，能够实现金融机构和企业的供需无缝对接、信息无障碍沟通，为实体经济发展充分赋能。有效的产融合作平台建设与推广应用，有助于中小微企业改善融资环境、提升融资能力、降低融资成本，推进政银企深度合作，推动金融与实体经济深度融合，在构建“互利共赢、义利共生”的产融结合、互相赋能的产业体系，助力经济社会高质量发展方面具有重大意义。

第二，创新金融服务模式，降低融资难度。株洲市大力发展产业链金融服务，将单个企业的不可控风险转变为供应链整体的可控风险，是破解产业链上配套小微企业融资难题的突破口。人民银行株洲市中心支行结合株洲市产业发展实际，积极探索多种供应链金融模式，包括“云信贷”“政采贷”“株洲快贷”等，获得了有益的经验与启示。“云信贷”融资模式聚焦盘活产业链配套小微企业应收账款资产；“政采贷”融资模式聚焦银政订单信息共享；“株洲快贷”融资模式聚焦加大纯信用贷款发放力度。这些创新性产业链金融模式正在不断化解核心企业“不差钱、用信率不高”，上下游小微企业“融资难、融资贵”等问题。

第三，加强政策协调合作，实现资源的有效配置。一方面，加强财政政策与金融政策配合，财政建立产业引导基金、企业贷款贴息等增信制度，撬动银行加大制造业投入力度，政府通过减轻税费等措施减轻企业负担。另一方面，促进产业政策与金融政策结合，从制造强市重点项目企业、工业新兴优势产业链龙头企业、传统产业中有市场、有效益、有技术支撑、有发展前景的企业、“专精特新”示范企业中进行筛选，建立重点企业和重点项目融资信息需求清单，及时推荐给银行、产业基金和股权投资机构。

13 宜昌市产融合作试点分析

2016年，湖北省宜昌市入选第一批国家产融合作试点城市。试点期间，宜昌市以提升金融服务实体经济的效率和能力为重点，强化金融对产业的支撑作用，有效保障了宜昌市建设制造业强市的战略目标，促进了产业提质增效和转型升级，较好完成了试点任务。

13.1 基本发展概况

宜昌市地处华中地区、湖北省西南部、长江上游和中游的分界处，素有“三峡门户”“川鄂咽喉”之称，是湖北省地级市、省域副中心城市，国务院批复确定的中部地区区域性中心城市、长江中游城市群成员之一；是成渝经济圈和武汉城市群之间的区域性中心城市；是举世闻名的葛洲坝工程和三峡工程所在地，被誉为“世界水电之都”。长江黄金水道与南北大动脉焦柳铁路在宜昌交会，沪渝高速公路、沪蓉高速公路、宜万铁路纵贯宜昌。全市辖5个区、3个县级市、3个县、2个自治县，总面积2.1万平方千米，根据第七次全国人口普查数据显示，宜昌常住人口为401.68万人。宜昌市是历史文化名人屈原、王昭君的故里，获全国文明城市“四连冠”，综合实力居全国百强城市第51位，下辖的宜都、枝江都是全国县域经济百强、全国文明城市。

13.1.1 产业现状

2015年，宜昌市地区生产总值3072.82亿元。其中，第一产业增加值332.89亿元，第二产业增加值1529.93亿元，第三产业增加值1210.01亿元。经过6年发展，2021年实现地区生产总值5022.70亿元，较2015年增长63.46%。其中，第一产业增加值548.94亿元，第二产业增加值2103.36亿元，第三产业增加值2370.40亿元。[①]

从经济增长速度来看，宜昌市在2015—2019年波动明显，2015年、2016年经济增长率分别为8.4%、8.8%，但2017年下降至2.4%，[②]随后两年迅速回升。受新冠病毒感染疫情冲击，2020年经济出现衰退下降为-5.0%，2021年快速回升至16.8%（见图13-1）。[③]

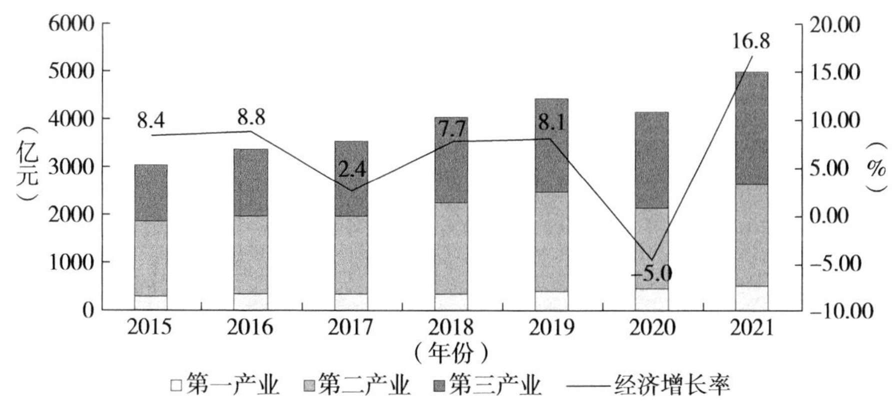

图13-1 2015—2021年宜昌市地区生产总值及经济增长率

从产业结构来看，近年来宜昌的主导产业由第二产业转为第三产业。2015年，第一、第二、第三产业增加值占地区生产总值比重分别为10.8%、49.8%、39.4%。自2020年起，第三产业比重超过第二产业。到2021年，第一、第二、第三产业增加值占地区生产总值比重分别为10.9%、41.9%、47.2%（见图13-2）。

从行业发展来看，宜昌市磷化工产业被纳入湖北省重点成长型产业集群，建有宜都、枝江2个高端专业化工园，培育了兴发、宜化、三宁等一批龙头企

①③ 2015年数据来自《宜昌统计年鉴2021》，2016—2021年数据来自《宜昌统计年鉴2022》。

② 数据来自宜昌市人民政府官网。

	2015年	2016年	2017年	2018年	2019年	2020年	2021年
第一产业（Primary Industry）	10.8%	11.0%	10.8%	9.6%	9.3%	11.0%	10.9%
第二产业（Secondary Industry）	49.8%	48.4%	44.4%	45.9%	46.0%	40.2%	41.9%
第三产业（Tertiary Industry）	39.4%	40.6%	44.7%	44.5%	44.6%	48.8%	47.2%

图13-2　2015—2021年宜昌市三大产业增加值占地区生产总值比重

业，拥有2家国家技术创新示范企业、2家国家级企业技术中心、1家国家磷产品质量监督检验中心，龙头企业主导制定国际标准和国家、行业标准49项，以磷化工为主的化工产业是宜昌市第一个过千亿元的产业集群。2021年年末，全市共有规模以上工业企业1320家，新增规模以上工业企业155家。

13.1.2　金融业现状

“十三五”期间，宜昌市金融产业不断深化改革创新，保持快速健康发展态势，金融服务实体经济能力显著增强，呈现出金融体系不断完善、总量持续增加、结构明显优化、竞争能力显著提升的良好势头，区域性金融中心建设取得了重大进展。2021年，全市实现金融业增加值241.56亿元，生产总值占比4.81%，金融业税收贡献达到22.57亿元。金融成为宜昌市现代服务业的重要组成部分。

宜昌市共有金融机构126家，形成银行、证券、保险、基金、期货等多业并举、运行稳健的金融体系。此外，担保、典当等地方金融组织达到70家。全市金融从业人员3.6万人。

资本市场方面，境内外上市公司总数达到12家，上市后备库入库企业107家，其中在审企业3家，在辅企业4家，入选省级种子企业34家，“新三板”、“四板”挂牌企业分别达到16家、258家。三峡产业引导股权投资基金引导设立子基金27支（含2个直投项目），协议总规模126.21亿元，累计投资项目165个，投资金额67.17亿元。2020年，全市新增直接融资206亿元。同时，宜昌市作为湖北省首个全国产融合作试点城市，是国家发改委明确的全国首批信用信息平台试点示范城市，也是湖北省唯一获得享受企业债“直通车”机制城市。

13.2　产融合作试点成果

13.2.1　试点前的产融合作基础

自2013年以来，宜昌市提出重点培育精细化工、食品生物医药、先进装备制造、新材料、文化旅游、现代物流“六大千亿产业”的战略构想。金融支持产业是其中最为重要的方式。

宜昌市作为湖北省省域副中心城市，金融服务业发展速度在湖北省各市州中居于靠前位置，把优化金融环境服务地方经济发展作为重要着力点，积极开展金融综合改革，构建与宜昌经济社会发展相匹配的多元化金融体系，通过体制机制创新，优化金融环境，引导和规范民间融资发展，连续9年获得湖北省金融信用市（州）。2015年，宜昌市在西陵区打造首条金融街——宜昌金融街，聚集20家金融机构及相关专业信息服务机构，集中打造了集银行、保险、证券及相关配套服务于一体的金融核心功能区，并创新建立机构负责人与行政区负责人双向互派机制，以及“政产学研资”五方合作模式，金融业态蓬勃发展。

试点前，宜昌市产融合作具有一定基础，截至2016年年底，全市金融机构存款余额突破3100亿元，贷款余额突破2300亿元。在2015年之前宜昌市就设立了夷陵国有资产经营有限公司、宜昌市城市建设投资开发有限公司、宜昌高新投资开发有限公司等多家国资管理平台，负责资本投资运作。为深化投融资制度改革，2015年年初，经过整合和优化资源，设立宜昌城市建设投资控股集团、宜昌国有资本投资控股集团、宜昌高新产业投资控股集团、宜昌交通旅游产业发展集团四大投资控股集团。通过设立三峡产业引导股权投资基金、绿色发展投资基金、城市建设基金等，采取市场运作和投资方式，进一步优化本地城市建设、工业发展、高新产业、交通旅游等产业，金融对产业发展的支撑作用开始凸显。

13.2.2 试点中的产融合作实施方案

（1）试点目标

根据《宜昌市产融合作试点城市实施方案（2017—2019年）》，宜昌市产融合作的试点目标是产业信息与金融机构对接机制基本建立并有序运转，金融服务业实力持续增强，服务产业的能力进一步提高，产业与金融互动良好，重点产业健康发展，优势产业市场竞争力有效提升。

（2）试点内容

围绕试点目标，宜昌市产融合作试点重点从以下五方面具体展开。

一是大力发展绿色金融。加大对长江经济带绿色产业发展的融资支持，积极发展新技术、新产业、新业态、新模式经济，推动产业向中高端水平迈进。推动传统产业转型升级，建立高效、清洁、低碳、循环的绿色制造体系。深入推进国家循环经济试点建设，加快推进化工产业园规划建设。支持化工产业园区基础设施建设、重大技术改造项目融资需求，以化工产业为重点，研究制定金融支持产业转型升级绿色发展的政策措施。支持设立各类绿色发展基金，引导带动社会资本投向化工产业的循环经济、节能环保、重污染防治、产品升级改造等项目建设。大力发展绿色信贷，完善绿色信贷统计制度与考核评价指标体系，推动银行业自律组织逐步建立银行绿色评价机制，通过政策性贴息、担保等方式引导金融机构积极开展绿色金融业务，做好环境风险管理。发展各类碳金融产品，积极推进主要污染物排污权和碳排放权市场交易和平台建设。发展基于碳排放权、排污权等各类环境权益的融资工具。

二是创新金融产品和金融服务。推进自贸区金融改革创新试验，在人民币资本项目可兑换、人民币跨境使用、金融服务业开放等方面先行先试。建立并完善与自贸区功能相匹配的产权交易市场，打造区域性资本中心。启动宜昌综合保税区申报建设工作。积极引导金融机构按照风险可控、商业可持续原则开发适合大众创业万众创新、推动实体经济发展的金融产品，积极争取更多金融创新产品和模式在宜昌市试点，积极争取更多地方特色金融创新产品和服务获得上级支持。大力发展产业链金融产品和服务，积极争取并稳步推进企业集团财务公司开展延伸产业链金融服务试点工作，鼓励金融机构依托制造业产业链核心企业，积极开展采购订单、仓单以及票据贴现、保理、国际国内信用证等各种形式的产业链金融业务。积极引进金融租赁、融资租赁、商业保理机构，鼓励开展新兴领域融资租赁，支持业务模式创新发展，引导金融租赁公司、融资租赁公司等支持重大技术装备及其他新产品推广应用。

三是创新财政金融有效互动模式。进一步创新完善财政金融产品，以财政资金为引导，综合运用贷款贴息、奖励、风险补偿、担保费用补贴等方式，推动金融机构加大对重点产业和重点项目的融资支持。支持在三峡产业引导股权投资基金带动下，设立面向制造业的产业投资基金、产业兼并重组基金等，引导产业资本、金融资本、社会资本支持重点产业转型升级发展。鼓励创新政府和社会资本合作（PPP）模式，探索PPP项目专项债券模式，引导社会资本支持工业园区或产业示范基地建设运营。研究加快全市融资担保体系建设，论证探索成立宜昌市融资担保集团公司，推进“政银担企”利益共享、风险分担机制。完善贷款风险缓释机制，积极探索多种灵活有效的债务处置方式，维护全市金融稳健运行态势。

四是推进科技金融创新。研究制定加快发展科技金融的政策措施，推动知识产权质押融资，支持金融机构开展以知识产权组合为基础的资产管理、信托等业务，探索建立知识产权质押物评估、处置和交易机制，探索成立知识产权交易中心。积极发展创业投资，支持大企业设立产业创投基金，支持设立天使投资、创业投资基金，支持设立创业投资风险补偿基金，推动科技企业发行企业债券、短期融资券、中期票据、集合债券、集合票据和私募债券等。

五是推进小微企业金融服务试点。建立小微企业票据贴现绿色通道。加快推进小微企业融资专营机构建设。改进小微企业信贷管理体制机制。按照国家关于社会信用体系示范城市建设要求，加强中小企业信用体系建设，建立健全信息征集、信用评价和应用制度，创建良好的社会信用环境。搭建产融合作信息对接服务平台，建立重点企业和重点项目融资信息对接清单，建立创新金融产品和金融服务清单。

13.2.3 试点后的成果

自试点以来，宜昌市便加快推动金融服务产业发展，产融合作步子不断加快，金融助力实体经济能力进一步增强。

一是金融服务机构加速聚集。2015年，宜昌市仅有各类金融机构27家。开展产融合作试点以来，宜昌市出台各类支持政策，吸引银行、证券、保险、基金、期货等多种类型金融服务机构，金融机构达到126家，增加了近100家，是2015年的4.7倍。同时，担保、典当等类金融机构达到70家，金融市场进一步繁荣壮大。

二是金融支持化工企业成功转型升级。宜昌市的临江化工产业作为该市原支柱产业，2016年以来，为维护长江流域水环境安全和水生态保护，先后关闭、改造、搬迁或转产化工企业共计134家，全市沿长江1千米内化工企业全部清零。宜昌市实施传统产业转型升级，企业“关改搬转”需要大量资金，且存在极大债务风险，针对这个问题，宜昌市引导各类金融机构，积极搭建“银政企”平台，制订“一企一策”工作方案，出台《市人民政府办公室关于金融支持工业技改的若干意见》，量身定做“工业技改贷”“专精特新贷”“进规贷”三大金融产品，全面实施工业技改行动，加强对企业发展的资金扶持力度，扩大银行业务覆盖面，成功化解“化工围江”。截至2021年年初，宜昌市工业贷款余额达到1194亿元，同时设立市级传统产业改造升级专项资金，从2018年起每年财政统筹1亿元支持企业技改，拉动技改投资285亿元。2019年，宜昌高新投资开发有限公司发行全国首支长江大保护绿色债券，债券规模30亿元，其中一半资金用于长江宜昌段化工污染治理及园区绿色化改造项目。近年来，宜昌市还有多家企业发行长江大保护绿色债券。

三是企业直接融资能力进一步提升。宜昌市建立了上市分层培育机制，完善了“政府+市场”的上市服务机制，与头部券商合作，建立企业上市绿色通道，全面助推本地企业上市，到2021年上市企业总数14家，“新三板”、“四板”挂牌企业总数分别达到16家、310家。近年来，累计兑现资本市场奖励超过4000万元。到2022年10月，上市后备库入库企业达到110家，在审企业2家，在辅企业5家，上市后备资源充足。入库省上市政务云平台跟踪服务企业91家，省级“金种子”企业36家、省级“银种子”企业11家。

13.3 案例：信易贷·宜昌网上金融服务大厅

长期以来，融资“难、贵、慢”问题困扰着民营小微企业发展。宜昌市围绕小微企业融资缺信用这一核心结症，依托智慧城市建设的基础优势，探索湖北省首创、国内领先的金融支持实体经济发展“政银科企”合作新模式，通过政府搭台、金融机构唱戏、科技支撑、市场化运作，创新搭建信易贷·宜昌网上金融服务大厅。“大厅”直接对接各类正规金融、类金融机构，由企业、城乡居民通过“市民e家”App进入“大厅”，发起融资申请，打造“1300”（1分钟申请、3分钟放款、0抵押、0跑腿）纯信用贷款产品。自2019年2月建成上线以来，截至2020年10月，已实现9款银行个性化贷款产品、1款担保产品、1款政策性贷款产品线上直连直通办理，累计授信9.6万人（户）次、248亿元，放款3.13万人（户）次、221亿元，极大助力了小微企业稳定发展。

2019年，宜昌市拥有34.51万家市场主体，其中6.35万户私营企业、27.39万户三农主体及个体户，普惠性融资需求迫切。信易贷·宜昌网上金融服务大厅是在宜昌市委、市政府高度重视与主导推动下，为对接中央和省里的政策，破解民营及小微企业融资难、融资贵、融资慢等问题应运而生的创新探索，主要目的是利用政务数据为企业“画像”增信，畅通银、企融资对接渠道，撬动银行通过移动互联网为民营、中小微企业、“三农”主体提供以信用贷款为主的各类综合化金融服务。

信易贷·宜昌网上金融服务大厅是基于大数据的一款互联网融资贷款程序。宜昌市智慧城市建设、数据归集工作起步较早、力度较大，在宜昌市人民政府的强力主导下，全市开发并推广了“市民e家”一站式政务服务App，经过不断完善，该款应用已经为宜昌市打下良好政务数据基础，已归集了工商、人社、民政、公安等32家单位、60多亿条数据，并接入税务等流量性数据。正是基于大量数据支持，2019年2月，信易贷·宜昌网上金融服务大厅应用程序正式接入“市民e家”App，作为全国首创的开放共享、综合服务、全类别展示、全流程对接、市场化运作的互联网金融综合服务平台，有效缓解中小企业融资难、融资贵、融资慢等问题。

目前，信易贷·宜昌网上金融服务大厅主要提供企业贷、政策贷、个人贷三类金融服务。[①]在企业贷中，包括园区再担贷、鑫易贷、广发抵押易、新型政银担风险分担产品等56个金融产品，大多产品融资额度在1000万元以下。政策贷包含创业担保贷1个金融产品，是由财政贴息，针对创业的城乡登记失业人员、就业困难人员、网络工商户、刑满释放人员、建档立卡贫困人口、农村自主创业农民、返乡创业农民工、高校毕业生、复员转业退役军人、化解过剩产能企业职工和失业人员这10类人群创业而设定的政策性贷款，其特点是无息（财政贴息）、额度较高（个人额度20万元，合伙额度100万元）、期限较长（最长循环可贷6年）、可选担保和抵押贷款形式。在个人贷中，包括三峡云e贷、三峡易贷、房抵贷、闪电贷等22个金融产品，大多产品融资额度在30万元以下。

宜昌市的产融合作试点产品信易贷·宜昌网上金融服务大厅起步于良好的互联网政务服务体系，体现了真正金融为民、金融为企的价值导向。信易贷·宜昌网上金融服务大厅并不是一款高技术含量的程序，而仅仅是嫁接于互联网政务服务平台的小型融资小程序，但是小程序解决了大问题，实现了互联网政务服务大数据的有效应用。

---

① https://www.threegorges-financial.com/。

13.4 产融合作试点经验启示

推动传统产业转型升级是宜昌市产融合作的重点和难点。在此方面，宜昌市的经验有如下几点启示。

一是传统产业升级绿色发展离不开政府引导。宜昌市出台《市人民政府办公室关于金融支持工业技改的若干意见》，并通过积极搭建“银政企”三方平台，为企业量身打造工作方案，引导各类金融机构创新“工业技改贷”“专精特新贷”“进规贷”三大金融产品，全面实施工业技改行动，加强对企业发展的资金扶持力度，成功化解“化工围江”。

二是在传统产业升级中需充分发挥绿色金融力量。我国绿色债券发行有企业融资成本较低、不受发债指标限制、资产流动性较好等多种优势。宜昌市针对长江大保护主体，发行了多支主题债券，资金专项用于传统产业升级和绿色改造项目，进一步促进长江生态环境修复和保护，助推经济高质量发展。

三是善于利用数字化平台，推动数据效益最大化。信易贷·宜昌网上金融服务大厅充分反映出数据也是生产力，现代经济生活中，数据与信息的错位是数据产业发展的源动力，要善于推动政务服务集成化、信息化，集中力量开发兼容性好、后期端口较为开放的互联网政务服务载体，力争将公共服务有关政务服务单位和功能进行全覆盖整合，打造一网通办，善于将群众、市场经营主体相关信息进行收集和分类储存。

14 贵阳市产融合作试点分析

2016年，贵阳市入选第一批国家产融合作试点城市。试点期间，贵阳市围绕产业发展、金融服务、产融合作三大目标，着力构建产融合作“1+2+1”体系，实现银企对接机制基本建立并有效运转，推进重点产业链金融试点和金融业产品服务创新，健全完善产业金融生态支撑体系，进一步提高了金融服务产业对实体经济的推动和支撑能力。

14.1 基本发展概况

贵阳市简称“筑”，别称林城、筑城，是贵州省省会城市，西南地区重要的中心城市。下辖6个区、3个县、代管1个县级市，总面积8043平方千米，根据第七次全国人口普查数据显示，贵阳市常住人口为598.7万人。

14.1.1 产业现状

2015年，贵阳市地区生产总值2564.30亿元。其中，第一产业增加值122.43亿元，第二产业增加值1010.09亿元，第三产业增加值1431.78亿元。经过6年发展，2021年实现地区生产总值4711.04亿元，较2015年增长83.72%。其中，第一产业增加值193.44亿元，第二产业增加值1681.34亿元，第三产业增加值2836.25亿元。①

从经济增长速度来看，贵阳市虽然在2015—2020年处于经济增长放缓

① 数据来自《贵阳统计年鉴2022》。

态势，但2015年经济增长率高达12.5%，2016—2017年平均增长率为11%；2018—2019年从8.8%下降至7.4%；受新冠病毒感染疫情冲击，2020年增速依然保持在5.0%；2021年经济增长率小幅回升至6.6%（见图14-1）。[①]

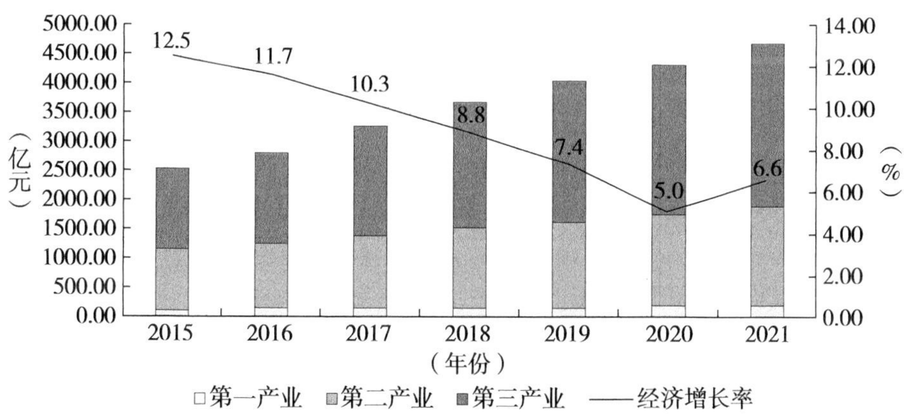

图14-1 2015—2021年贵阳市地区生产总值及经济增长率

从产业结构来看，第三产业是贵阳市经济增长的最大动力来源。2015年，第一、第二、第三产业增加值占地区生产总值比重分别为4.8%、39.4%、55.8%。近年来，第三产业发展更加强势，2021年，第一、第二、第三产业增加值占地区生产总值比重分别变为4.1%、35.7%、60.2%（见图14-2）。

	2015年	2016年	2017年	2018年	2019年	2020年	2021年
第一产业（Primary Industry）	4.8%	4.8%	4.5%	4.1%	4.0%	4.1%	4.1%
第二产业（Secondary Industry）	39.4%	39.1%	37.7%	36.9%	36.5%	36.2%	35.7%
第三产业（Tertiary Industry）	55.8%	56.0%	57.8%	59.0%	59.5%	59.6%	60.2%

图14-2 2015—2021年贵阳市三大产业增加值占地区生产总值比重

① 2015—2016年数据来自《2017年贵阳市国民经济和社会发展统计公报》，2017—2021年数据来自《贵阳统计年鉴2022》。

从行业发展来看，近年来贵阳市全力打造大数据产业。贵阳市大数据产业飞速发展，被誉为“中国数谷”，大数据资源高度积聚，贵阳·贵安国际互联网数据专用通道建成，出省带宽1.7万G，成为国家互联网重要枢纽。规模以上大数据企业117个，规模以上电子信息制造业、软件和信息技术服务业营业收入分别为103亿元、202.9亿元，电信业务总量达到873.14亿元。颁布大数据地方性法规3部，全球首部大数据专业工具书《数典》发行，建成首个国家大数据工程实验室、首个地方数据共享交换平台、首个大数据交易所，成为首个国家大数据及网络安全示范试点城市，国家技术标准创新基地（贵州大数据）通过验收。依托大数据产业基础，贵阳市还打造了数据中心、电子信息制造、软件和信息技术服务三个千亿级大数据产业集群。

14.1.2 金融业现状

“十三五”以来，贵阳市金融行业持续快速发展，地方金融组织体系不断健全，金融服务实体经济能力不断增强。2020年，全市实现金融业增加值519.31亿元，较2015年的310.07亿元增长67.48%（见图14–3）。

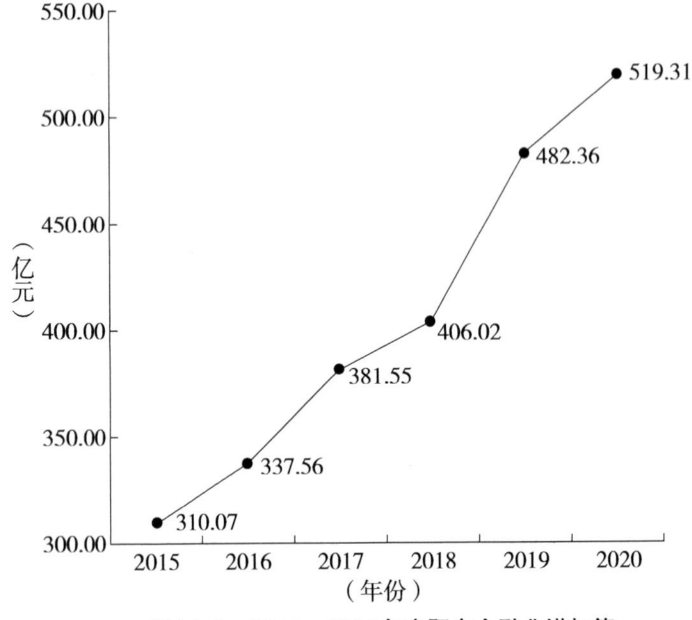

图14–3　2015—2020年贵阳市金融业增加值

截至2021年年末，贵阳市金融机构本外币各项存款余额13441.35亿元，其中人民币各项存款余额13379.81亿元；金融机构本外币各项贷款余额17284.14亿元，其中人民币各项贷款余额17228.14亿元。共有上市公司22家，包括上交所11家，深交所11家。证券公司2家，证券分公司29家，证券营业部51家，资金账户数149.41万户，成交金额达到23243.11亿元。期货分公司2家，期货营业部8家，成交金额8372.89亿元。2021年全年保险保费收入180.23亿元，保险赔付支出71.25亿元。

14.2 产融合作试点成果

贵阳市是贵州省省会城市和全省的金融中心，大数据和数字经济发展势头强劲，是贵州省科技创新高地和大数据产融合作前沿阵地，创新创业政策和服务体系较为完善，创业投资较为活跃。

14.2.1 试点前的产融合作基础

（1）产业基础

贵阳市大力发展大数据产业，具有发展大数据产业的良好支撑基础，三大运营商数据中心在贵阳市贵安新区相继开工建设，其中，中国电信云计算中心用地500亩、总投资70亿元，中国移动（贵州）大数据中心项目用地275亩、总投资20亿元，中国联通（贵安）云计算中心用地500亩、总投资50亿元。三大运营商数据中心建成后将为贵阳周边特定区域集聚20万~30万机架、上百万台服务器、数据储存规模可达EB[①]以上，成为国内乃至全球较大的数据聚集地。[②]自2014年贵阳市决定布局发展大数据产业以来，特别是提出打造中国数谷这一战略定位后，大数据产业发展迅猛。截至2020年，贵阳市已累计建成10个大数据产业园区，集聚大数据及关联企业4000多家，大数据主营

① 艾字节，一种计算机存储容量单位，表示10的18次方字节。

②《贵阳大数据产业概况》。

业务收入1000亿元，增长22.4%。《中国数字经济发展白皮书（2021年）》显示，2020年数字经济对贵阳市GDP的贡献率为36.8%。2021年1—7月，贵阳市已基本建成投运数据中心8个，数据中心及关联产业累计完成投资121.37亿元。贵阳·贵安国际互联网数据专用通道建成，出省带宽1.7万G，成为国家互联网重要枢纽。深入实施“百企引领”行动，规模以上大数据企业117个，规模以上电子信息制造业、软件和信息技术服务业营业收入分别为103亿元、202.9亿元，电信业务总量达到873.14亿元。大数据融合不断深化。深入推进“万企融合”大行动，成为国家产融合作试点城市，规模以上工业企业上云比例超过85%。全市政务系统实现省、市、县、乡、村五级政务外网全联通，政府数据开放水平连续四年位居全国前列。大数据创新领先领跑。颁布大数据地方性法规3部，全球首部大数据专业工具书《数典》发行，建成首个国家大数据工程实验室、首个地方数据共享交换平台、首个大数据交易所，成为首个国家大数据及网络安全示范试点城市，国家技术标准创新基地（贵州大数据）通过验收。①

（2）金融基础

贵阳市被确定为试点城市前，产融合作已有较为扎实的基础。2016年贵阳市国民经济和社会发展统计公报数据显示，全市当年年末金融机构本外币各项存款余额9978.84亿元，比年初增加1120.86亿元，其中，住户存款余额2505.41亿元，比年初增加241.43亿元；金融机构本外币各项贷款余额9256.41亿元，比年初增加1311.86亿元。全市当年年末金融机构人民币各项存款余额9928.30亿元，比年初增加1156.09亿元，其中，住户存款余额2486.07亿元，比年初增加234.40亿元；非金融企业存款余额4662.62亿元，比年初增加819.80亿元。金融机构人民币各项贷款余额9153.20亿元，比年初增加1277.63亿元，其中，短期贷款余额301.53亿元，比年初下降1.65亿元；中长期贷款余额1453.16亿元，比年初增加228.48亿元。

全年保险保费收入114.35亿元，比上年增长19.6%。保险赔付支出45.39

① 2021年贵阳市政府工作报告。

亿元，比上年增长14.3%。全市年末共有上市公司16家，其中上交所7家，深交所9家。上市公司总市值1935.48亿元，比上年增长16.2%。证券公司2家，证券营业部50家，资金账户数72.97万户，成交金额达到6744.21亿元。期货营业部10家，成交金额3730.03亿元。

（3）产融合作基础

科技金融实现快速发展。为了促进科技与金融快速融合，2012年3月22日，《贵阳市促进科技和金融结合工作方案（2011—2015年）》出台。2014年5月28日，贵阳互联网金融产业园正式揭牌，目标是引导互联网金融充分发挥聚集效应。2014年，贵阳市编制了《贵阳市科技金融和互联网金融发展规划（2014—2017年）》，提出：全力打造地方金融控股平台，尽快组建贵阳金融控股公司。整合由政府部门直接或间接持有股权的地方性商业银行、信用社、担保机构、小额贷款公司、基金、要素交易市场等金融资产和资源，打造根植本土经济和引领地方金融发展的金融控股公司。金控公司是金融产业投资、金融资产运作及资本运营的综合性金融平台，以出资设立、并购、增持股份等方式，参与银行、证券、保险、信托、资产管理、融资租赁、小额贷款、融资担保、投资基金、金融地产等领域的投资与资本运作。

发起成立中国大数据金融产业创新联盟。试点前，贵阳市针对大数据产业，联合中国投资协会新兴产业中心、中国标准化研究院、中央财经大学等近50家与大数据金融创新相关联的科技界、产业界、教育界、学术界及政府部门共同发起成立中国大数据金融产业创新联盟，打造以企业为主体、市场为导向、研究机构为支撑、政产学研相结合的创新性组织。联盟围绕大数据技术、产业、应用及服务等创新链，通过持续强化大数据金融产业关键、共性及重大前沿技术的研究，对电子商务结算、大数据清洗、金融企业数据后台服务研发应用等具有自主知识产权的核心技术进行提升，增强产业核心竞争力，促进产业结构优化升级。

大数据与金融投资市场项目（703项目）成功上线。贵阳大数据金融与投资市场是贵阳市人民政府的大数据开放服务平台，将真正实现数据公开。该平台可提供贵阳政府部门重点官方数据，涵盖地方政府、地方特色、气候、消费、生态系统、教育等14个主题。所有数据对公众免费开放，能以文件形式提供下载。平台除提供海量免费数据下载，还将对通过审核的创客，免费提供核心算法和云平台计算空间，为创客创新提供更有力的支持。通过该平台，投资市场可为拥有好想法、好产品的创客提供众筹融资，或推荐至大数据交易所进行交易，从而形成整个大数据产业的创新闭环。

成立全国首个大数据金融产业基金。2016年1月，中国大数据金融产业创新战略联盟成立大会在贵阳市召开，中国保险投资基金与贵阳市签订战略合作协议，共同发起成立大数据产业基金。该基金是中国第一个大数据金融产业基金，作为大数据产业引导基金，为初创型大数据企业注入资本，为大数据产业健康发展保驾护航。

14.2.2 试点中的产融合作实施方案

（1）试点目标

根据《贵阳市产融合作试点城市实施方案（2016—2019年）》（以下简称《方案》）。要求，贵阳市将围绕产业发展、金融服务、产融合作三大目标，搭建产融合作平台，实现银企对接机制基本建立并有序运转，推进重点产业链金融试点和金融业产品服务创新，健全完善产业金融生态支撑体系，提高金融服务产业对实体经济的推动和支撑功能。

（2）试点内容

一是搭建产融合作大数据平台。根据《方案》要求，贵阳市将借助大数据手段，整合政府、企业、金融和社会机构等各方数据资源，为产融合作提供一个信息共享和业务对接的大平台，完成产融信息对接服务，实现资源聚集和信息共享。建立O2O[①]常态化信息共享机制，实现企业融资需求网上申请、即时汇总、分类整理、及时推荐，提高产融信息对接效率，逐渐形成健全的常态化银企对接机制，推动政府、金融机构与企业的线上交流互动，打通产业金融的供给侧和需求侧，解决企业融资信息不对称问题，进一步推动

① 将线下商务机会与互联网结合在一起，让互联网成为线下交易的平台。

产业、金融等信息的透明化和公开化。

二是设立重点产业专项引导基金。根据《方案》要求，贵阳市将设立重点产业专项引导基金，从2016年起市级财政每年投入2亿元，各区（市、县）、开发区财政分别投入1430万元，2020年12月31日前全部到位。其中，不超过引导基金总规模的70%通过直接投资等方式，对贵阳市工业转型升级“一企一策”企业进行股权投资；不低于引导基金总规模的30%通过参股子基金，引导其重点对从事健康医药、电子信息、装备制造、特色食品、新型建材、磷精细化工、铝精深加工等领域的企业进行股权投资。同时，开展健康医药产业链金融试点，开展以装备制造为重点的军民融合产业金融试点，开展磷铝资源型传统产业链金融试点，扩大政策性农产品目标价格保险试点。

三是建立中小微企业信用贷款风险补偿机制。根据《方案》要求，贵阳市将建立中小微企业信用贷款风险补偿机制，设立贵阳市中小微企业信用贷款风险补偿资金池，鼓励和引导银行金融机构对全市有融资需求的中小微企业发放“免抵押、免担保、免服务费”的信用贷款，鼓励银行采用大数据手段对借款企业进行信用评估，促进中小微企业信用体系建设，进一步优化企业融资环境。建立中小微企业担保风险补偿机制，设立担保贷款风险补偿资金池，鼓励和引导担保机构加大对中小微企业提供担保贷款的支持力度，完善中小微企业融资担保体系。建立中小微企业转贷应急机制，设立贵阳市中小微企业转贷应急资金，降低融资成本，实现银行正常转贷，助推中小微企业持续健康发展。

14.2.3 试点后的成果

自试点以来，贵阳市围绕重点产业加大金融创新和金融赋能，产融合作效率显著提升，金融服务实体经济的能力进一步增强，较好地完成了产融合作试点工作目标。

金融建设取得重要成效。作为贵州省实施“引金入筑”战略和促进金融业创新发展的重要载体，位于贵阳市观山湖区长岭北路的贵州金融城项目规划总用地面积约245公顷，总建筑面积约789万平方米，总投资约450亿元，集中央商务区、银行核心区、商业中心区、金融后台服务区和配套住宅区为一体。金融城聚集超过90%的省内金融机构，其中大型金融机构45家，金融、类金融及金融服务企业360余家，其中包括全省唯一一家外资金融机构花旗银行。金融城汇聚了传统金融、创新金融、大数据金融、科技金融及配套服务金融等企业，共建金融产业集群，成为区域经济发展的强大引擎。“十三五”末期，贵阳市观山湖区金融业增加值达到163亿元，占GDP比重达25.3%，金融业已成为该区重要的支柱产业，步入发展的“黄金时期”。2016年首家入驻金融城的华夏银行贵阳分行，一直致力于赋能引资入黔、发挥金融担当、践行社会责任，为当地经济高质量发展作出了重要贡献。截至2021年3月底，已累计为贵州省引入资金440余亿元。

金融进一步赋能大数据产业。2021年10月，贵州省大数据局和贵阳产控集团等社会资本、共同出资组建贵州省创新赋能大数据投资基金，基金规模20.21亿元，其中，省大数据局通过省新型工业化基金（大数据基金）出资10亿元、贵阳产控集团等社会出资10.21亿元，基金管理人为通过公开招标产生的筑银资本。基金以政府引导、市场化运作、面向全省、面向大数据、面向创新为原则，突出产业导向，聚焦战略性、引领性企业和项目，旨在变“输血”为“造血”，变无偿补助为股权投资，变传统行政手段为创新经济工具，主要投资全省高成长性、具有良好发展潜力的数字产业化、产业数字化、数字基础设施、数字经济新业态等大数据企业，同时发挥基金招商引资作用，引入省外相关领域优质企业落地贵州省，打造大数据产业链和生态圈。[①]目前，基金已储备一批优质投资项目，即将实施投资。

为新型工业化注入金融活水。贵阳市坚持把加速推进新型工业化作为经济高质量发展的首要任务，以高端化、绿色化、集约化为主方向，以现代工业产业集群化发展为主抓手，奋力推动工业大突破，为全省闯新路、开新

① 《贵州省创新赋能大数据基金正式设立》（http：//dsj.guizhou.gov.cn/zwgk/xxgkml/zdlyxx/czzj/202110/t2021101_70690853.html）。

局、抢新机、出新绩提供强有力支撑。贵阳市各类金融机构围绕全省“双千工程”“十大千亿级工业产业”，聚力推动中高端制造，促进发展新产业集群，为全省工业发展注入源源不断的动力。重点支持了贵州开磷集团股份有限公司、西南能矿集团股份有限公司、贵州贵能移动新能源有限公司、贵州长征天成控股股份有限公司、贵州圣济堂制药有限公司、贵州航宇科技发展股份有限公司、贵州卡布婴童用品有限责任公司、贵州长通线缆有限公司、贵州博士化工有限公司等重点工业企业。同时加大对先进制造业、战略性新兴产业、低碳循环经济的支持力度，推动全省工业转型升级。例如，贵阳银行在传统信贷的基础上，与省级职能部门配合推广工业基金、能源基金、绿色产业基金，截至2020年年末，通过产业发展基金累计向31家工业企业提供资金支持约18亿元。运用贵州国家级大数据综合试验区、贵阳市全国大数据安全产业发展重要聚集区等优势，积极探索科技与业务融合新模式。运用大数据信息化技术开发的“数谷e贷”系列线上信贷产品，采用“线上+线下”相结合的模式，实现快速尽职调查、快速审查审批，“让数据多跑腿，客户少跑路”，满足工业企业合理化融资需求，“数谷e贷”系列产品累计授信7万余笔，金额170亿余元。并深化“银税互动”，支持企业“以税促信、以信申贷”，累计发放“税源e贷”80亿余元。①

14.3 案例：数谷e贷

融资难、融资贵的根本原因在于信息不对称，在传统贷款模式中，小微企业信息不透明，银行无法掌握其征信状况。加上小微企业难以提供抵押、担保，想要融资十分困难。针对这一问题，2016年11月，贵阳银行在贵阳市发布针对小微企业的融资产品数谷e贷。数谷e贷系列产品通过大数据风控技术掌握中小企业的征信状况，以大数据风控为核心，实现信贷业务的自动化、批量化审批，极大地降低了小微企业融资成本，有效解决广大小微客户的融资难、融

① 《贵阳银行：为新型工业化注入金融活水》。

资贵的问题；通过深入挖掘大数据价值，建立“用数据说话、用数据决策、用数据管理、用数据创新”的机制，提高了金融决策、管理和服务的水平，开启小微企业贷款的“大数据时代”，可有效解决小微企业客户的融资难题，降低小微企业融资成本，让小微企业分享发展大数据金融带来的便利。

数谷e贷是贵阳银行面向广大小微企业主及个体工商户研发设计的大数据系列产品。数谷e贷系列包括税源e贷、超值e贷、烟草e贷等子产品，截至2020年9月，贵阳银行大数据金融产品数谷e贷累计授信173亿元，建成大数据应用场景38个。①税源e贷产品针对的目标客户是诚信纳税商户，贷款额度最高可达2000万元，贷款期限最长可达10年，担保方式为信用、自然人担保、房产抵押、政策性担保公司担保，贷款年利率最低可至LPR市场报价利率（单利）。②超值e贷针对的目标客户是可以提供房产抵押的小微企业主、个体工商户，贷款额度方面，贵州地区高达200万元，成都地区高达500万元，贷款期限最长可达10年。③烟草e贷是贵阳银行针对烟草客户提供的线上纯信用贷款，可以满足在日常经营中的现金周转，除了订购卷烟，还可以用来购买其他货物。烟草e贷年利率最低可至LPR市场报价利率（单利），贷款服务客户是正常经营3个月及以上且持有烟草专卖零售许可证的个体工商户。贷款额度最高可达50万元，贷款期限最长1年，担保方式为信用担保。

14.4　产融合作试点经验启示

一是紧抓数字经济发展机遇，为新型工业化注入金融活水。贵阳市坚持把加速推进新型工业化作为经济高质量发展的首要任务，以高端化、绿色化、集约化为主方向，以现代工业产业集群化发展为主抓手，奋力推动工业大突破，为全省闯新路、开新局、抢新机、出新绩提供强有力支撑。

二是充分利用大数据服务本地发展。“用数据说话、用数据决策、用数据管理、用数据创新”的机制，提高了金融决策、管理和服务的水平，有效缓解小微企业的融资难题。数谷e贷作为贵阳市推动产融合作的一个重要抓手和拳头产品，是贵阳市充分发挥本土资本优势、服务地方产业发展的生动写照。

15 我国产融合作试点城市典型经验总结

在两批入选国家产融合作试点城市的70个城市（区）里，本书基于产融经验先进性、试点路线特色性、城市层级多元性等多个角度，挑选12个城市（区）作为案例研究对象，其中有5个第一批试点城市（区）[①]，5个第一批延续试点城市[②]和2个第二批新增试点城市。[③]

在试点初期，这些城市（区）都参照《关于组织申报产融合作试点城市的通知》或《关于组织申报第二批产融合作试点城市的通知》提出的要求，结合自身地方产业特色和金融优势，制订产融合作试点方案，试图从产融合作平台、金融产品和金融服务、财政支持、产业链金融等多个方面着手推进产融合作。

各城市试点各具特色、亮点纷呈。北京市海淀区充分利用科技赋能金融，重点解决中小型科技企业融资难问题，提升信息产业、科技服务业的创新活力和核心竞争力。北京市顺义区筑牢坚实的领导保障机制，从组织和政策方面大力引导，保障高端制造业的战略发展。上海市浦东新区有效利用金融禀赋优势，锐意创新金融服务产品和模式，通过产业基金联盟、金融信息服务产业基地等精准高效深化产融合作。苏州市秉持“以产业聚人才、以人才兴产业”理念，强化政府服务产融合作能力提升产融对接效率，成功助力生物医药产业崛起。无锡市践行绿色生态文明发展理念，推动绿色债券、绿色保险等优质金融产品，促进传统产业转型升级。成都市为产业招引配套资金多

① 分别是北京市海淀区、北京市顺义区、上海市浦东新区、成都市、重庆市。

② 分别是苏州市、绵阳市、株洲市、宜昌市、贵阳市。

③ 分别是无锡市和宜宾市。

样化的运作环境及产业政策支持，积极运作政府引导基金，培育壮大本地优质企业。绵阳市延续军民融合特色，设立专营科技金融机构开办专业金融产品服务，推动军民融合创新、深度发展。宜宾市围绕新旧产业发展双轮驱动战略目标，与外部金融机构高质量开放合作，打造动力电池等新兴产业。重庆市坚持专业精细打造理念，金融梯度培育“专精特新”企业，增强产业协同创新发展质效。株洲市围绕打造供应链生态体系目标，以产业链金融产品和服务为突破口，培育轨道交通等高质量发展集群。宜昌市维护长江流域环境安全和生态保护，创新长江大保护主题债券等绿色产品，支持化工企业成功转型升级。贵阳市紧抓数字经济发展机遇，金融赋能科创小微企业，激活大数据产业高质量发展。

通过研究案例城市在产融合作工作中取得的明显进展，剖析先进经验及其背后的关键成因，本书最后从制度保障机制、政策体系、产融合作平台、科技金融框架、风险分担机制、直接融资能力、金融产品、绿色金融体系八个方面总结产融合作关键内容。

15.1 建立制度保障机制，为产融合作试点保驾护航

制度保障是产融合作试点的必要前提，是有效市场发挥作用的基本保证。如果缺少政府引导，产融合作难以形成多方合力，特别是商业金融机构遵循利润最大化原则，缺少主动向高风险但潜力大的企业提供融资。

成立跨部门的产融合作工作小组或建立产融合作联席会议制度是非常必要的，只有这样才能设定长远目标，协调推进全局性工作和政策性事项，建立日常协调工作机制，营造良好的产融合作政策环境。

成都市在第一批全国产融合作试点城市成效评估测评中表现突出，与产融合作试点工作领导小组的组建不无关系。在试点期间，成都市累计开展对接活动超过400场，实际融资金额超过2200亿元，中小企业融资难题有所缓解。

北京市顺义区建立了分工明确的产融合作试点联席会议制度，会议由区

长牵头，区政府主管产业副区长和主管金融副区长负责具体事宜，区经信委、金融办、财政局、发改委、科委等相关单位为联席会议成员单位。每月固定召开一次例会，不仅保证了沟通机制畅通，还加强了相关部门之间的工作协调，推动产融合作试点的各项政策有效落实。

15.2 完善政策体系，加速推进产融合作进程

构建和完善产业政策、金融政策、人才政策三位一体的政策支持体系，有利于增加产融合作的深度和广度。

结合本地产业特色成立专项产业基金，出台定向扶持重大产业的政策和方案。贵阳市为了培育和壮大本地大数据产业，组建了针对性的产业基金——贵州省创新赋能大数据投资基金。该大数据投资基金由贵州省大数据局和贵阳产控集团等社会资本共同出资组建，截至2021年11月，该基金已投资12家企业，涉及资金5.5亿元。北京市顺义区出台包括《顺义区促进入区企业发展扶持办法》在内的多项政策办法，助力提高区内企业的综合竞争力。

营造良好的金融营商环境，有助于吸引金融机构聚集。重庆市为构建良好金融基础，优化金融信贷营商环境，出台《关于进一步优化金融信贷营商环境的意见》、金融业“24条”、银行保险业“19条”、小贷行业“9条”“新八条”、融资担保“12条”等十余项金融支持政策。

制定具有吸引力、多线并进的人才政策。北京市顺义区同时实施高层次人才引进战略和定向培育人才战略，对入选的高层次金融人才、产业人才，按规定给予补贴和住房保障，同时依托本地企业、高校和产业园区，探索与本区产业发展相适应的职业教育和培训模式，强化育才和用才。

15.3 完善产融合作平台，提高一站式服务水平

为了建立有效的产融对接机制，各试点城市都充分利用大数据、云计算

等现代信息技术，搭建产融合作平台，实现政银企等多方互联互通，降低产融信息不对称性。产融平台通常从信息联通、信用数据互通、金融服务融通等方面助力。苏州市工业园区设立了全国第一家一站式服务中心，集中公安、税务等16个部门的近300项审批服务业务的办理，显著缩减了时间成本，有助于提高产融合作效率。长沙银行株洲分行使用株洲市综合金融服务平台企业征信报告数据，改进授信审批和风控模型后，创新了“汽车链数据贷”产品，主动对株洲汽车产业链105户企业批量授信。宜昌市搭建“银政企”三方平台，引导各类金融机构创新“工业技改贷”“专精特新贷”“进规贷”三大金融产品，全面推动传统工业转型升级。

15.4　完善科技金融框架，推动科技赋能产融合作

从科技金融发展原则、经营理念、内容、保障措施、风险分散机制多个方面，全面完善现有的科技金融框架体系。上海市制定的“4465”科技金融框架较为完备，可供借鉴。它们提出科技金融发展应秉持“商业可持续、政策可托底、风险可控制、激励可相容”的“四可”理念，主要任务包括优化科技金融生态系统；加大对科研基础设施和科技创新布局的金融支持力度；推进科技金融专营机构建设，创新专业化经营模式；主动前移金融服务，促进科技成果转移转化；继续推进投贷联动业务创新；在风险可控前提下，开展科技金融产品和业务创新。五项保障措施包括发挥银行监管与政府扶持的协同效应；发挥监管规则的正向激励作用；将创新科技扶持政策延伸到金融机构；完善科技金融数据共享机制；加强业务指引与培训。完善多层次的风险分担机制，防范产融合作风险扩散。

设立金融机构科技分支机构，专注解决中小科技型企业融资难题。北京市海淀区在这一领域先行先试，设立第一家国有银行科技分行、第一家城市商业银行科技分行、第一家全国股份制银行科技分行。绵阳市也设立了科技金融专营机构、科技支行、首家科技融合保险支公司，开办特色军民融合金融产品和服务。这些科技专营机构会结合贷款申请机构的特点，适当调整贷

款条件。考虑到经营上的特殊性，大多地方金管局还会适度放宽对科技支行的不良贷款容忍度。

15.5 完善多层次的风险分担机制，防范产融合作风险扩散

构建资金充裕、层次多样的风险分担机制，有利于调动金融机构的融资供给主动性，防范产融合作风险扩散到实体经济的其他领域。很多试点城市都在这一方面有诸多尝试。

北京市海淀区为发展知识产权质押融资产品“智融宝”，区政府出资2000万元与北京知识产权运营管理有限公司共同组建知识产权质押贷款风险处置资金池，以期撬动更多的融资规模，助力“智融宝”产品扩大服务企业范围。

成都市中小企业融资担保有限责任公司作为“科创贷”的合作金融机构之一，与多家银行合作，通过“政、银、担、企”四方联动，由政府和担保机构出资共建风险资金池，形成风险分担机制，为科技中小企业提供债权融资服务。

无锡市“普惠贷”由信保基金为银行信贷本金损失进行补偿，有分担比例为8∶2的信保基金与银行风险共担模式，还有比例为6∶2∶2的信保基金、银行、担保（保险）机构风险共担模式，这一做法通过为中小企业增信，促进了金融机构对普惠金融信贷的支持力度。

还有包括贵阳市、株洲市等在内的试点城市也设立了以中小微企业贷款风险资金池、科技债权融资风险资金池为代表的财政资金蓄水池，为中小微企业、科技型企业增信，补偿金融机构向白名单内企业贷款后发生的损失。

15.6 大力培育上市企业，提高企业直接融资能力

狠抓企业上市培育，制订不同产业、不同规模的企业直接融资促进计划，缓解企业长期资金短缺的难题。无锡市发挥上交所苏南基地、深交所无锡路

演中心、“创投无锡”融资路演等载体作用，每年多次举办路演活动，为创新创业企业提供展示机会，助推企业成功融资。重庆市提出同时推进“重点国有企业集团整体上市”与“社会培育中小企业改制上市”相结合的培育方案。绵阳市制订《绵阳市推进企业上市挂牌“三年行动计划”》，对企业上市挂牌实行过程奖补，邀请深交所、上交所专家实地调研。宜宾市牵头设立“天府农业板”。

15.7 聚焦重点产业开发金融产品，提高金融支持精准性

针对不同行业的企业融资难点、痛点，通过充分利用企业信用信息创新金融产品，实现精准支持重点产业、重点企业、重点项目获取资金的能力。

北京市海淀区为首创知识产权融资产品，推出国内首个纯知识产权质押贷款创新产品——“智融宝”，为企业创新发展提供“知识产权运营+投贷联动”全方位的金融服务。为化解上下游企业的融资难题，绵阳市开发产业链融资产品，创新“应收账款融资长虹模式”，株洲市创新推出“神农贷”“云信贷”“株洲快贷”等产业链金融模式，使核心企业与配套小微企业共享银行授信。针对中小外向型企业的融资难题，宜宾市出台《宜宾市中小企业出口“宜贸贷”融资业务实施方案》，通过“银行+保险+担保+政府”的合作模式，为中小外向型企业量身打造“宜贸贷”这一担保产品。北京市顺义区针对本地区高端制造业发展需求，大力发展融资租赁业，聚集融资租赁机构50余家，高端制造业得到进一步发展，金融支持实体经济能力显著提升。

15.8 创新绿色金融体系，促进传统产业转型升级

加大绿色金融产品开发力度，创新绿色金融体系。在绿色金融领域，大胆尝试政府和社会资本合作模式，减少财政资金不足的制约。鼓励银行业金融机构紧跟绿色金融前沿，开发碳排放权融资等绿色信贷产品，开展绿色保

险、绿色债券等业务，并在业务考核中纳入绿色金融指标，推动传统制造业绿色转型发展，实现经济高质量发展。

2021年6月23日，无锡市首笔碳中和债成功发行，募集资金专项用于低碳减排领域。宜昌市建立小微企业票据贴现绿色通道，发行全国首支长江大保护绿色债券，支持化工污染治理及园区绿色化改造。重庆市的科技企业信贷产品“专精特新信用贷”也具有“绿色”属性，要求贷款申请企业必须具备相应的生产经营资质、环保文件或排污许可。

附 表

定量指标统计表

	定量指标	指标类型	2017年		2018年		2019年	
产业发展	本地区生产总值（GDP）（亿元）及增速（%）	时期指标						
	固定资产投资（亿元）及增速（%）	时期指标						
	工业增加值（亿元）及增速（%）	时期指标						
	工业企业利润（亿元）及增速（%）	时期指标						
	战略性新兴产业增加值（亿元）及增速（%）	时期指标						
	研发投入（亿元）	时期指标						
	高科技企业（个）	时点指标						
	上交所深交所上市企业（个）	时点指标						
	新三板挂牌企业（个）	时点指标						
	区域股权市场挂牌企业（个）	时点指标						
	境外上市企业（个）	时点指标						
金融资源	金融业增加值（亿元）及增速（%）	时期指标						
	制造业贷款余额（亿元）及增速（%）	时点指标						
	制造业中长期贷款余额（亿元）及增速（%）	时点指标						
	绿色信贷余额（亿元）及增速（%）	时点指标						

续 表

	定量指标	指标类型	2017年		2018年		2019年	
金融资源	普惠型小微企业贷款余额（亿元）及增速（%）	时点指标						
	普惠型小微企业贷款利率（%）	时期指标						
	不良贷款率（%）	时点指标						
	股权投资基金数量（支）及规模（亿元）	时点指标						
	资本市场直接融资额（亿元）	时期指标						
金融科技	金融科技政策（个）	时点指标						
	金融科技园区（个）	时点指标						
	省部级金融科技试点示范（个）	时点指标						
	金融科技企业（个）	时点指标						
信息对接	银企信息对接活动（场次）	时期指标						
	银企信息对接活动实现融资额（亿元）	时期指标						
	产融合作平台（个）	时点指标						
	产融合作平台融资额（亿元）	时期指标						
	产融合作平台融资笔数（笔）	时期指标						
财政支持	安排财政资金总额（亿元）	时期指标						
	贷款贴息资金（亿元）	时期指标						
	以奖代补资金（亿元）	时期指标						
	风险补偿资金（亿元）	时期指标						
	融资担保资金（亿元）	时期指标						
	政府投资基金数量（支）及规模（亿元）	时点指标